教員養成基礎教養シリーズ

新 訂
教育の方法・技術

松平信久　横須賀薫　編

教育出版

編者・執筆者一覧

編　者

松 平 信 久　立教大学

横 須 賀　薫　宮城教育大学

執 筆 者（執筆順）

松 平 信 久　立教大学

野 村　　新　大分大学

横 須 賀　薫　宮城教育大学

箱 石 泰 和　都留文科大学

佐 久 間 勝 彦　千葉経済大学短期大学部

浅 野 孝 夫　十文字学園女子短期大学

古 屋 野 素 材　明治大学

宮 下 孝 広　白百合女子大学

大 沼　　徹　千葉経済大学短期大学部

編者のことば

　教育の方法や技術ということに関しては，教育について論ずる人たちの間でも，それを軽視する立場と，逆にその効用を重視して強調する立場がある。前者は，教育とは人間と人間の交流・接触・感化によって成り立つものであり，そのためには教師の子どもに対するひたむきさや人間としての成熟が重要であるとするものである。この立場に立つ人のなかには，教育の技術は子どもを小手先で動かしたり操作することになり，したがって無用であるばかりでなく有害でさえある，と極論する場合もある。後者の方法・技術の尊重論のなかには，いわゆるベテランと言われる教師たちの方法や技術を寄せ集め，どのような教材のどの段階の指導ではどの方法を使うと効果的であるというふうに，用意されたメニューのなかから適切なものを選ぶことによって，学習の成果を上げることが可能であるとする考え方もある。これは，すべての教師に共通して有効な方法や技術があり，それは比較的簡単に伝達することができるとする考え方にもつながっていく。

　私たちは，この本を編むに際して上のような考え方のいずれの立場にも立たなかった。私たちは，教育の営みのなかで，教師が身に付けている方法や技術はきわめて重要なものであると考えている。教師の見識も知識も，子どもたちに対する愛情も，それが子どもたちに差し向けられるときには，教師の技術や方法を媒介としてなされるのである。どのようなすぐれた見識や深い愛情でも，磨かれ鍛えられた技術や方法を媒介にしなければ適切に伝えられ機能しないばかりか，ときとしては，例えば，偏愛や溺愛というように望ましくない影響を子どもに与えることにさえもなってしまう。このような意味で，方法・技術を伴わない教育的働きかけはあり得ないのである。この場合の「方法・技術」には，子どもの状態を見抜き，事態の先を見通す洞察力なども含んだものとして考えられている。

　一方，そのような方法・技術は，個々の教師の生き方や価値観，経験や特性

などと強く結び付いており，それぞれの教師にあって個別的・個性的な性格の濃いものである。したがって，その人間を離れて方法や技術が完全に一人歩きをすることは考えられない。もちろん，すぐれた教師や傑出した実践にはある原理や原則が共通して存在すると考えられ，それを求めることはなされて然るべきであり，本書もそれを目指している。しかし，それを身に付ける方途は各実践者の地道で長い歩みによるのである。

したがって本書は，日々，教室で実践の努力を積み重ねている若い教師や，将来，そのような実践に取り組みたいと望んでいる読者が，自己の内面を豊かにし，ものごとを見つめる洞察力を深めながら，教育の方法・技術を身に付けていって欲しいという願いのもとに書かれた手引きであり，問題提起である。

教育の方法や技術を問題にする場合，児童・生徒の生活面に関する「生活指導」の領域を対象とした検討もされなければならない。しかし本書では，生活指導に関わる方法や技術の問題は一部を除いては取り上げていない。それは，学校教育における活動の中心は授業であり，児童・生徒が集中し全力を出して取り組むような授業をつくり出そうとする教師の取り組みが，生活指導上の課題の解決にもつながるという考え方に立っているからである。

これからの社会は，国際化，情報化が進み，環境問題が人類の生存を懸ける課題となるだろう。複雑化する社会状況に対応して心の安定が失われる危険性も大きくなり，臨床的課題は一層切実になる可能性が強い。それらのすべてが学校や教室の課題となるわけではないが，教師にとって取り組むべき課題は増加し，複雑化するだろう。今まで以上に，新しい学力の考え方や子どもたちに「生きる力」を養っていく力量が求められることになる。「方法・技術」が受け持つ課題はいよいよ大きくなるに違いない。

本書の企画から出版にいたるまで，教育出版の中島潮氏にはたいへんお世話になった。紙面をおかりして厚くお礼を申し上げたい。

2000年　早春

編　者

目次

編者のことば

1章 教育の方法と技術 ―――― 1

1. 教育の方法・技術とは何か ……………………………………… 1
2. 子どもの可能性を伸ばすための方法・技術 …………………… 3
3. 教育の方法や技術の特質 ………………………………………… 6
4. 子どもの学びと教師の方法・技術 ……………………………… 8
   (1) 学習的存在としての子ども ………………………………… 8
   (2) 学校教育の中で子どもが獲得するもの …………………… 11

2章 授業が目指すものは何か ―――― 15

1. 授業の方法・技術と子ども ……………………………………… 15
   (1) 子どもの事実に立った授業の展開 ………………………… 15
   (2) 子どもの自発性・自主性と教師の指導性 ………………… 19
   (3) 教材と切り結んだ子ども理解 ……………………………… 20
2. 子どもの固有性と方法・技術の創造性 ………………………… 23
   (1) 個々の子どもの可能性をひらく教授の原則の追求 ……… 23
   (2) 授業の方法・技術の創造性と固有性 ……………………… 24
3. 授業における質の追求と方法・技術 …………………………… 26
   (1) 開放された授業 ……………………………………………… 26
   (2) 授業の方法・技術についての基本課題 …………………… 27

*3*章　授業の構想と計画 ──────29

1. 構想と計画の基本的視点 …………………………………29
   (1) 授業を構想するときはどんなときか ………………29
   (2) 設計書としての指導案 …………………………………31
   (3) イメージとしての授業プラン …………………………32
2. 指導案をどう書くか ………………………………………34
   (1) 指導案の項目 ……………………………………………34
   (2) 指導案の形式例 …………………………………………35
   (3) 指導過程（展開計画）の実例 …………………………37
3. 指導案を支える教材研究 …………………………………39
   (1) 教材解釈の三つのレベル ………………………………39
   (2) ポイントは「核」の発見 ………………………………40
   (3) 教材への書き込みとイメージづくり …………………41

*4*章　問いの創造と授業の展開 ──────44

1. 「学ぶ」ということの意味 ………………………………44
   (1) 指計算と指しゃぶり ……………………………………44
   (2) 「時熟」ということ ……………………………………46
   (3) 教師の仕事 ………………………………………………47
2. 問いの発見から課題の成立へ ……………………………48
   (1) 課題──教材と子どもを結ぶもの ……………………48
   (2) 問いの発見 ………………………………………………49
   (3) 課題はどのようにしてつくられるか …………………52
3. 授業の構成と学習形態 ……………………………………55
   (1) 授業を構成する力 ………………………………………55
   (2) 学習形態の工夫 …………………………………………56

5章　教材づくり・教材発掘の視点 ──────── 59

1. 《ある教材》と《つくる教材》……………………………59
   (1) 二つの教材の違い …………………………………59
   (2) 「普通選挙法の成立」で見る《ある教材》と《つくる教材》の違い ………59
2. 《つくる教材》が生まれる道のり …………………………63
   (1) 《至急の教材づくり》と《不急の教材づくり》……………63
   (2) 《教育内容の教材化》と《素材の教材化》……………67
3. 教材づくり・教材発掘の視点 ………………………68
   (1) 教材発掘と考古学者の遺跡発掘 ……………………68
   (2) 教材発掘と新聞記者の記事づくり ……………………69
   (3) 教材発掘とルポライターのルポ報告 …………………71

6章　授業と教授メディア ──────── 74

1. 教授メディアの変遷 …………………………………74
   (1) 「視聴覚教育」から「多メディア教育」へ ………………74
   (2) ニューメディアの種類 ………………………………76
   (3) ニューメディアの伝達特徴 …………………………78
   (4) A.トフラーの未来論 …………………………………79
2. 授業はどのように変わるか …………………………80
   (1) これからの社会と教育のあり方 ………………………80
   (2) 教育方法の現代化の四つの方向 ……………………82

7章　コンピュータの利用 ──────── 86

1. コンピュータと現代社会 ……………………………86
   (1) 高度情報化社会とは ………………………………86
   (2) 高度情報化とその社会的背景 ………………………88
2. コンピュータの特性 …………………………………91

	(1) 知的活動に役立つコンピュータの特性 …………………………91
	(2) 障害者とコンピュータ …………………………………………94
	(3) コンピュータ社会の"光と影"について ………………………95
3.	コンピュータと学習指導要領 ………………………………………96
	(1) 1989年改訂「学習指導要領」……………………………………96
	(2) 1999年改訂「学習指導要領」……………………………………97
4.	コンピュータの教育利用の領域と教師の役割 ……………………98
	(1) CAI ………………………………………………………………99
	(2) CMI ……………………………………………………………101

8章　学習障害（LD）の理解と指導 ——————————104

1. 学習障害（LD）の概念 ……………………………………………104
   (1) A君の事例 ………………………………………………………104
   (2) 学習障害（LD）の定義 ………………………………………106
   (3) 学習障害（LD）児の行動特徴 ………………………………107
2. 学習障害（LD）の要因と理解 ……………………………………109
   (1) 学習障害（LD）の原因 ………………………………………109
   (2) 認知過程のモデル ……………………………………………109
   (3) 学習障害（LD）のサブタイプ ………………………………112
3. 指導をどう進めるか …………………………………………………113
   (1) 個別的対応の可能性 …………………………………………113
   (2) 普通学級での対応 ……………………………………………114
4. 学校と専門機関の関係について……………………………………117
   (1) 専門機関の仕事 ………………………………………………117
   (2) 親と教師の連携 ………………………………………………119

9章　授業と教師 ————————————————————121

1. 教師の力量とは ………………………………………………………121

(1) 教材研究における教師の力 …………………………………………122
　　(2) 授業展開における教師の力 …………………………………………123
　2. 教師の身体——表現としての身体………………………………………125
　　(1) 表出と身体 ……………………………………………………………125
　　(2) 表現と身体 ……………………………………………………………127
　3. 教師のことば………………………………………………………………128
　　(1) 教えることにおけることばの機能 …………………………………128
　　(2) 授業展開とことば ……………………………………………………135

*10*章　教育評価の役割と方法 ——————————————140

　1. 教育評価とは何をすることか……………………………………………140
　　(1) 教育評価という仕事 …………………………………………………140
　　(2) 教育のプロセスと教育評価 …………………………………………141
　　(3) 教育評価の役割 ………………………………………………………142
　2. 教育評価をめぐる基本的な観点…………………………………………143
　　(1) 教育測定と教育評価 …………………………………………………143
　　(2) 教育の目的と教育評価 ………………………………………………144
　　(3) 絶対評価と相対評価 …………………………………………………145
　　(4) 到達度評価 ……………………………………………………………147
　　(5) 到達目標と向上目標 …………………………………………………148
　　(6) 自己評価 ………………………………………………………………148
　3. 現在の日本の学校における教育評価 …………………………………149
　　(1) 「児童（生徒）指導要録」の制定とその性格 ……………………149
　　(2) 指導要録の改訂 ………………………………………………………150
　4. 教育評価の課題……………………………………………………………153
　　(1) 予期しない学習の結果 ………………………………………………153
　　(2) 教育的働きかけと評価 ………………………………………………154

*1*章　教育の方法と技術

1．教育の方法・技術とは何か

　教育の働きかけは，子ども（ここでは幼児・児童・生徒を含めた広い範囲の学習者を指すことばとして使っている）をどのように育てたいか，どんな力を身につけさせたいかという期待や願いをもって行われる。そのような期待や願いには，わが子への愛情や身近にいる子どもへの感情などから自然発生的に生み出されるものもある。一方，教師が担任する子どもたちの学力の向上や生活態度の改善を願って志向するものもある。国や社会が未来の担い手となる子どもや青年にかける期待のように，その時々の社会情勢の分析や将来の見通しに基づいて設定されるものもある。

　このような多様な感情や期待，願いなどに基づきながら，教育のあるべき姿，目指すべき方向やゴールを意図的に設定したものが教育の目的や目標である。教育は，家庭，学校，公民館や市民センターなどの公的機関，地域子ども会やボーイスカウトなどの任意団体，企業など広い分野や機関で行われているが，そのいずれの場合でも何らかの目的や目標を持っている。教育の仕事は，そのような目的や目標がなければ，糸が切れて空中を舞う凧のように行方も定まらず，いつ失速して墜ちてしまうかもわからないような不安定で不確かなものになってしまう。家庭での教育のように，目的や目標がそれほど明確には意識されない場合でも，ほとんどの家庭では暗黙の方向づけや価値観が存在している。そのような意味で，教育の営み，特に意図的・組織的な教育の場合には，明確な目的や目標が設定されることが不可欠な条件である。

　しかし，一方，いくら願いが強く，目的が明確で素晴らしい目標が掲げられ

ても，それを実現するための方法や技術がなければ，目指されたゴールの実現は望めない。例えば，凧を高くあげるという願いや目標があっても，糸の張り方，尾のつけ方，風のとらえ方，風の強弱によって糸をたぐったり緩めたりするなどの技術がともなわなければ，思ったようにそれを空に浮かべることはできない。教育の方法や技術は，設定された目的や目標の達成を目指して用いられる手段である。

教育という仕事は，このように目的や目標として掲げられた価値の実現を目指して実践が行われるものである。その実践活動を支えるものとして方法や技術は，とくに重要な意味を持っている。目的・目標と方法・技術の両者は，教育の働きを成り立たせるためにはどちらも欠かすことのできない，車の両輪のような関係にある。

「教育学」の語源であるペダゴジーということばは，本来，子どもを育てる育て方を指したことばであり，ここにも教育の実践的性格がよく反映されている。また教育思想の歩みのなかで重要な働きをしたコメニウス (Comenius, J. A. 1592～1670)，ルソー (Rousseau, J. J. 1712～1778)，ペスタロッチー (Pestalozzi, J. H. 1746～1827) などは，いずれも子どもを教え育てる上での技術の重要性を訴えた「教授学者」であった。例えばコメニウスは，教育に関する最初の体系的な書物とされる『大教授学』を書いているが，この本は，「すべての人々にさまざまなことがらをわかりやすく教えるにはどうしたらよいか」という意図のもとに，教育に関する技術を体系づけるという目的のために書かれたのである。

このような古典的な教授学者たちの主張や提案以来，今日にいたるまで教育の技術を高めるための工夫はさまざまに展開されてきた。その発展の方向は，大まかには，次のようなものとしてとらえることができる。

①子どもの発達状況や認識のしかた，興味，関心，経験を尊重するなど，教育の方法・技術を考案し用いる場合の視点を子どもにおくこと。

②旧来の，文字を媒介にして記憶を重視する教育方法から，視覚，聴覚，触覚などの感覚器官の働きを重視しながら感覚的，直観的に対象をとらえる方法

の重視。

③文化遺産の継承と発展という教育の課題と，近代科学の発展に基づく知識の爆発的増大という事態をどのように統合していくかという課題のもとで，既成の知識の獲得よりも，知識を批判し自ら知識を作り出すような教育を重視すること。

④学習の内容を教科や領域ごとに細分して学ぶことから，体育，芸術などもまじえた内容をより総合的・統合的な経験として学ぶこと。

⑤子どもの知的な学習と，心理的・社会的・集団的経験とを統一的にとらえ，自律的・調和的な人間の形成を目指すこと。

⑥近年における，コンピュータなどの情報機器，視聴覚機器を重視した方法の開発。特に最近では，これらの機器の多様な機能を複合して発揮させるマルチメディアの活用が関心を呼んでいる。

ところで方法と技術とはどのような関係にあるのだろうか。この2つの用語の内容やニュアンスにはそれを用いる人々によってかなりの差があるが，一般には方法ということばの方が多義的であり，包含している意味も広い。教育方法という場合には，教師の子どもに対する理解や指導の方法，学習内容や教材の選択およびその配列のしかた，授業の構想や展開に関わる方途，それらの工夫や実施に対する評価の進め方などを含んだ概念として用いられる。技術はそれらの個々の課題を実施し運用するにあたっての高度に洗練された能力を指している。この両者は「方法・技術」として統一的に用いられることが多い。

2．子どもの可能性を伸ばすための方法・技術

「教育的な働きかけに技術は不要だ」とする意見にときどき出合うことがある。このような意見は，教育の営みが小手先の技術や型にはまった形式の適用に終始して，教師と子どもとの間に生き生きとした交流がなくなっていることに対する批判として出されることが多い。そのような意見の背景には，教育とは教師と生徒との人間的な触れ合いによる人格的感化によって成り立つもので

あるという考え方がある。確かに，教育の重要な側面として，人間対人間の直接的な交流に基づく相互作用という要素があることは否定できない。子どもたちの教育体験として深く印象に残るもののなかには，教師の優しい励まし，心の悩みを共有してくれたこと，真剣に心配し厳しく叱ってくれたことなどが多いことも確かである。しかし，このような側面が重要であるとしても，教育の専門家としての教師としての方法や技術が無用であるということにはならない。

　コメニウスが指摘したように，教育の方法や技術は，それによって学習者が容易に楽しく学ぶことを助けるという重要な役割を持っている。教師にそれが不足しているために，子どもがひとつのことを学ぶ上で必要以上に苦労したり，場合によっては間違ったことを学んだりしたとすれば，それは子どもにとって大きな不幸である。教育は子どもが持っている可能性を見つけ出し，それを最大限に発揮させることを目指して行われるものである。そのような子どもの可能性の発見と伸長ということに関しても，教師の適切な方法や技術は大きな役割を果たす。教師の持っている方法・技術は子どもの可能性を伸ばすためにこそあるといっても過言ではない。

　学校教育において，そのような，子どもの可能性を発揮させる機会として中心になる場は授業である。したがって，教師の技術が大きく作用するのも授業の場においてである。新卒の教師のクラスが，だらけて散漫になり，子どもが荒れ出してしまったときに，経験豊かで力のある教師が代わりに授業に臨むと，わずかの時間で子どもの顔つきが変わり，課題に熱中し，若い教師のときには見せたことのない豊かな表情を示すようになったというような事態はよく生じることである。

　次の記録は，新卒教師のそのような経験を如実に表している。

　昭和〇〇年4月8日，私ははじめて自分の学級の子どもに会った。ほんとうに生まれてはじめて「自分の学級の子ども」というのを持ったのである。（中略）
　このころ斎藤さん（章末の注を参照のこと）は炉の端で火ばしをつかいながら授業のしかたを話してくれた。「それぞれのちがう考え方を持っている子ど

もを，全体の場で教師が結びつけ，一つの真理にまで持っていってやることが授業ですよ」と。炉の灰に火ばしをつかって下のような図をかきながら，こまかく話してくれた。その図を今でも私は忘れることができない。

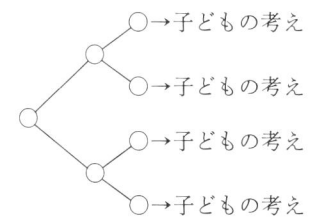

　そして他の人の授業を見ることを私にすすめてくれた。このことのあった翌日，私は金井さんの授業を見せてもらった。3年生の社会科だったが，教師と子ども，子どもと子どもが，目に見えない糸のようなもので結ばれ，教室の中がびゅーっとしまっていた。私は思わず，いい子どもたちだなあと思った。そして心の中でああいう子どもたちだからいい授業ができるのだと思った。

　そのとき私は，このような授業をするために金井さんが，どれだけ苦しんで来たかということなどは，考えてみもしなかった。私も1時間でもよいから，ああいう子どもの前で授業をしたいと思っただけだった。そして私は，自分の級は子どもがわるいから授業がうまくできないのだと考えた。いくら私がいっしょうけんめい教えてもだめだ。いっしょうけんめい教えれば教えるほど，子どもたちは私からはなれていってしまう。こういうことはみな子どもがわるいからだと考え，自分に責任があるなどとは考えもしなかった。だから私は他の級の子どもを見るたびにうらやましかった。

　やがて11月になり音楽会が近づいた。私の級へ武田さんが来て音楽の授業をしてくれた。そしてわたしは不思議なことを発見した。武田さんが子どもの前に立つと，子どもはすいつくように武田さんに集中した。くいこむように歌を歌った。子どもたちは音楽の授業が終わっても興奮がさめないかのようだった。どうしてこうも変わってしまうのだろうか。私は不思議でならなかった」

（児島環「島小での七年間」斎藤喜博編『島小の女教師』所収より）

　この文章に示されている，子どもを見る見方と教師の技術に関する考え方の

骨子は，次のようなものである。

　①教師は，自分のクラスの状態がうまくいかないと，それは子どもが悪いからだと考えやすい。しかし，教師は自分のクラスの状態に対して基本的には自分に責任があると考えるべきである。

　②同じクラスの子どもたちでも，指導する教師によって，たちまちにその様相が変わってしまうことがある。

　③その変化を生み出すものとして，教師が持っている指導の技術というものが大きな意味を持っている。

　④その技術のなかで特に大きなものは，一人の子どもの発想と他の子どもの発想を結びつけ関連づけて，個々の発想や追求では到達できなかったレベルにまでその思考を高め深めることである。

　⑤したがって，子どもの可能性の発揮とは，クラスの子どもたちの共同作業として互いに高め合い，深め合うことによって達成されるものである。

3．教育の方法や技術の特質

　上に引用した文章に出てくるような優れた方法や技術を持った教師は，どのようにして育つのだろうか。

　教師の力は基本的には，子どもたちとの毎日の生活のなかで地道な努力を続けるうちに培われるものである。日々の経験の蓄積と目に見えないほどの進歩のなかで，それでも気づいてみたら自分でも驚くほどの力がついていたというのが教師の力のつき方なのであろう。ただし，ただ漫然と時間を過ごし，なんの目当てもないままに経験を積み重ねているだけでは上の教師のような力を身につけることは不可能であろう。上の文章にも「このような授業をするために，金井さんが，どれだけ苦しんで来たかということなどは，考えもしなかった」と記されているが，この金井さんという教師の場合にも，人知れずにさまざまな努力や工夫を重ねてきたはずである。教師が教師として成長し，技術を高めてゆくためにはさまざまな条件が考えられるが，なかでも，

①より高い次元へと自分を高めようとする志望を持つこと

②すばらしい実践や芸術などに触れたときに素直に感動し，自分をその世界に少しでも近づけようとする姿勢を持つこと

③すぐれた実践者や指導者に近づき，そこから影響や教えを受けることに積極的であること

④同僚や先輩からの助言や忠告に謙虚に耳を傾けて，必要ならば自分の欠点を変えてゆくことのできる柔軟さやしなやかさを持つこと

⑤教材の質に対する判断力，教材の内容を読み深めていくための解釈力などを高めるために，可能な限り教材との対面を続け，一方で基礎的な教養を高めるためにすぐれた文学，美術，音楽，芸術，演劇などに数多く触れる機会を持つこと

などは教師であるかぎりは失ってはならない基本的な姿勢であろう。

こうして考えてみると教師の技術は，その教師の人柄や，生き方，生活の姿勢などと密接に結び付いたものであることがわかる。それは断片的な手順や操作方法などの寄せ集めではなく，個々の教師の生き方と結び付いた個性的・統一的なものと考えるべきものである。

教師の実践のうち優れたものは他の教師，後輩の教師などに影響を与え，次々と引き継がれて継承されてゆく。また，子ども時代に受け持ちの教師からしてもらった学級でのお話や本読みなどの楽しい思い出がいつまでも心に残り，やがてその教え子が教師になったときに同じようなことを担任の子どもたちに試みるというようなことはよく見られることである。このことは学校文化や学級文化が継承・発展してゆく重要な契機となる。

このように教師の実践は継承される。優れた教師の実践から学び，過去の教育遺産から価値あるものを引き継ぐことは大切なことである。しかし，すでに述べたように，教師の力量や実践の方法は個々の教師のものであり独自性の強いものである。したがって，表に現れた形や様相を模倣し手本にすることはできても，その根底にあるものまでを真似することは難しい。

また一方，子どもの条件はいつも変化し，動くものである。学年が変わりク

ラスが違えば子どもの様子が一変するということはよく経験することである。また同じクラスの子どもであっても，前の時間には集中しよく考えていたのに，次の時間にはさっぱり集中せず散漫で怠惰な学習しかできないというようなことも起こりうる。天候，体調，その時の子どもの興味の対象のありようなどによって，学習の状況は変化する。授業が生きたものだといわれるのは，主としてこれらの子どもの条件によるのである。

このような諸条件を抱えている以上，教師の方法や技術とは，基本的には継承できないものであり一回的なものであると考えるべきものである。授業の難しさはそのように真似や伝授ということによっては容易には獲得できないという性質によるところが大きい。技術の要点を摘出してコンパクトなマニュアルをつくりそれによって授業の技術を獲得させようとする試みもあるが，そのようないわば借り物は本当に子どもたちの魂をゆり動かすような実践を創造する力となって身につくことは難しいであろう。

ただし，以上のようなことを踏まえた上で，優れた教師の方法や技術を徹底的に学び，あえて真似をするということはあってよいことであるし，有効なことでもある。要は，それらのものを下敷きにしながら，現実の子どもにとって本当に必要なことを学ばせるために，各教師がどれだけ創意工夫を加えることができるかが重要な課題である。

4．子どもの学びと教師の方法・技術

(1) 学習的存在としての子ども

人間はなぜ学ぶのか，人間にとって学ぶということはどういうことか，子どもにとってはどうか，そうして人間は何から学ぶのか。

人間は，まず生きるために学ぶ。人間は誰でも職業生活者として，市民として，家庭人として生きていかなければならない。特に現代のような高度産業社会において，情報化，国際化が進み，技術が高度化すれば，それに対応できる

高度な専門的職業能力を持ち，市民社会を主体的に担う主権者としての市民であり賢明な消費者であることが必要であり，そのための教育が要求される。人間はまた集団を形成して高い学術・文化を創造してきた。社会を維持・発展させるためには学術・文化を継承・伝達しなければならない。

しかし，人間はそのためにだけ学ぶのではない。人間だから学ぶのである。人間は，本来，学習的存在であり知的・創造的存在である。生きる意味を問い，自分の思想を持ち，自分らしい生を創り出す存在である。人間は，本来，知らないことを知り，わからないことがわかり，できないことができるようになりたいという基本的欲求を持ち，さらに自分らしい知り方・わかり方・でき方を創り出そうとする。人間は，その欲求を充足させるためにも学ぶ。

学校では子ども一人ひとりに「知り」「わかり」「できる」事実をつくり出し，自分の知り方・わかり方・でき方をつくり出させなければならない。子どもにとって学校における学習とは，教材や教師が持つものの見方や考え方，感じ方と自分のそれとが対立・止揚することによって，より高い次元のものの見方や考え方，感じ方を獲得・再編成していくことである。そこで，新しい視点や論理を発見・獲得して自分独自の認識の構造や価値の体系，思想の体系を変革・再編成し，自己を拡大・変革し自分の思想を形成していく。

人間は生活上の有用性や社会的貢献のために学ぶだけではなく，自分の可能性が引き出され発達することが喜びであり，そのことのために学ぶということも見逃してはならない。あることのために学ぶだけではなく，学ぶこと自体が喜びであり目的である。学ぶ過程で，生きる意味を問い自分らしさを追求し，他の誰にも代替不可能な自分のものの見方・考え方・感じ方を拡大・再編成して自分の思想を豊かにしていく。それを言葉や文字，形や色，歌や身体活動で表現して社会的承認を受けるとき，自己存在証明を確認して存在感を持つ。したがって，すべての人が学習を保障されなければならない。職業生活や社会生活の第一線から退いた後も，生涯学習として人々が意欲的に学ぶのは，健康管理や趣味のためだけではなく，学ぶこと自体が喜びであるから学ぶのである。

したがって，人間にとって学習することの意味には，有用性とか文化の伝達

という観点に加えて,「ヒトの人間化としての教育」という観点が必要である。人間存在についてさまざまに規定できるが,ここでは「学習的存在としての人間」,「知的・創造的存在としての人間」「生きる意味を問い,自分の思想を持つ存在としての人間」,「表現的存在としての人間」,「社会的・関係的存在としての人間」などの観点から,子どもにとっての学習の意味を考えたい。

　学習的存在として人間は本来的に「勉強好き」である。もし「勉強嫌い」の子どもがいるとすれば,それは教師や父母や社会によって「勉強嫌い」にさせられたのである。今,起こっている「いじめ」や校内暴力や学級崩壊の原因の一つは子どもが知的・創造的で学習的存在でありながら,授業で学びの事実を持たないために充足されず,学級で存在感を持ち得ないからであり,そのことに対する子どもの反乱と考えるべきである。

　それでは,われわれは何から学ぶのか,学校においては何よりもまず教材から学ぶ。教材は子どもに知識や技術を教えるための単なる道具や手段ではなく,子どものものの見方や考え方,感じ方を変革するものである。もっと言えば,教材は生涯を貫いて生き続ける根源的な「いのち」の糧となるものである。大江健三郎は著書の随所で,少年期に与えられた『ハックルベリー・フィンの冒険』と『ニルス・ホーゲルソンの不思議な旅』が,氏の精神と生き方の原型を形成しているという意味の発言をしている。教材は子どもにとって新しい世界との出会いであり,教材を通して自然を支配する摂理に出会い,学術文化や社会システムを創造した人間の智恵や思想と出会う。それによって自分の思想を創り拡大して,自分の文化を形成して生涯を生きる糧をつくる。したがって,教材は生涯にわたって追求するに値する多面的で深さを持つものでなくてはならない。

　教師は,授業設計でどのような教材を通して子どもたちにどのような世界と出会わせるかを吟味しなければならない。教材の基底にある認識の構造や価値の体系,思想の体系と,子どもの認識の構造,価値の体系,思想の体系とをどのようにして対立・止揚させて,子どもにどのような新しい世界を獲得させるかを吟味する。教材選択において,教師は歴史と世界の代弁者であり,真理の

代理者である。教師は子どもに教材という「のぞき窓」から自然や社会や人間を見せて，世界や人間について考えさせるのである。したがって，教材はその教科領域・分野の全体を反映する個であり，構造化された教科領域・分野を代表するものでなくてはならない。そうして，その教材が子どものものの見方や考え方と「対立」を起こして生の基盤を揺さぶるものでなくてはならない。

(2) 学校教育の中で子どもが獲得するもの

　学校教育のなかでの授業を中心とした場を通して子どもたちは多様で複雑な経験を積み重ねる。そこには，知ること・考えることなどの知的経験，綴ること・発表すること・演じることなどの表現的経験，友人との関係や，グループ・集団内での行動の仕方や役割について学ぶ社会的経験，それらと並行して体験され指導もされる感情的・情操的体験などが含まれる。そこでは人間の日常生活のさまざまな領域や側面が凝縮された形で展開する。教師はそれらの活動や経験のすべての領域になんらかの形で参与することになる。したがって，教師の技術や教育の方法はそれらの諸領域にかかわって応用され発揮されることになる。ここではそのような領域について概観してみよう。

　知識の獲得
　人間の知的活動の成果は知識として蓄積される。知識とは，さまざまな事物，事象，概念などについて，その定義，意味内容，それがもたらす影響や効果，用途・用法など，そのことがらに関連するすべての知的考案の結果残されたものである。知識のなかには実際の経験や実験を通して得られたものもある。知識は個々の対象について個別・断片的に把握されているものもあるが，多くの場合にはそれらが相互に関連をもち連鎖して知識群もしくは知識の体系を作っている。学校教育のなかで知識の獲得が目指される主な場は授業である。子どもは授業の場においてそのような知識を，教師の説明や解説，子ども自身の調査，実験，実践などによって獲得する。個々の子どもが持っている知識をクラス全員で討論したり検証したりして，より確かな豊かな内容を持つものにしてゆくことも授業の重要な役割である。そのために教師の技術は重要な役割を果

たす。このことは先に引用した文章のなかで斎藤喜博が炭火を積み重ねるということばで説明している。最近のマルチメディアの発展は，この領域での学習の可能性を大きく発展させている。

学習の道具の獲得

上のような知識を獲得するためには，そのための手段が重要な役割を果たす。知識は多くの場合，文字として記され残される。したがって知識を得ようとするためには，その文字を読み，文章の筋や内容を読み取り自分の知識として理解しなければならない。書かれたものを読み理解するというだけではなく，自分自身が文字による記述をし，獲得した知識や経験などを書き表すためにも文字の習得は必須の条件となる。最近のように，知識が，映像，音声，記号などによって表現されることが多い状況にあっては，それらの表現形式を理解しかつ使いこなすことが求められる。このような学習の道具の習得は，とかく単調になりやすく機械的な繰り返しを強要したり，きめられたマニュアル通りの練習を反復させたりということになりやすい。ここでも教師の創意工夫をもりこんだ技術・方法の適用が望まれる。そのことによって子どもの学習が単なる反復から解放されて楽しいものになり，道具としての学習に止まらず，内容にまで深く食い込んだ学習を展開することも可能である。

学習の方法の獲得

どのように問題を見つけたらよいか，発見された問題を解決するためにはどのような手立てでどんな手順で問題を解けばよいかなどの学習の方法は，子どもが授業のなかで獲得することのなかで特に重要なものである。今日のように日進月歩で知識が革新され，次々と新しい知識が生まれる状況にあっては，既成の知識を持つこと自体はそれほど大きな意味を持たない。それよりは必要な知識を必要に応じて見つけ出す能力，その知識を当面する課題に適用する能力，目前の教材を読み深めその本質に迫るための解釈能力，いくつかの知識を用いながらさらに新しい知識を作り出していく能力などの獲得や発展が要請される。

自分を解き放ち表現する力を身に付けること

人間の一生は，外界からのさまざまな刺激やメッセージを受け止めながら送

る過程である。授業の場では選択された教材との厳しい対決を通して、それまでに経験したことのない「知」の世界に足を踏みいれるということも行われる。と同時のそのような経験によって得た知識や認識、感情などを、文字・文章・絵画・身体表現・演劇的表現などを通して表現するということも人間にとって最も基本的な行動の内容であり、生の証しともなる行為である。したがってこのような表現に関することがらは、学校教育の内容として重要な位置を占めなければならない。それらの自己表現の力を子どもたちに獲得させることの成否は教師の方法・技術にかかっているといっても過言ではない。

ものごとの本質や真の美しさなどを見い出しそれに共感や感動できる力

情報化時代といわれる現代にあっては、われわれの生活のありとあらゆる場面にさまざまな情報があふれている。そのおかげで生活が便利になり豊かになっていることは否定できない。しかし反面、雑多なもの、真実をゆがめたもの、真面目で着実な姿勢や態度を茶化したりからかったりするものも少なくはない。授業には人間の営みの優れた歩みや蓄積などを理解しそれに敬意や畏敬の念をもち学びつつ、それに近づくという方向性が欲しい。表面を飾っただけの見てくれのよさ、調子のよさ、派手さなどではなく、より自然でしかも精神の集中があり人間という存在の優れた力に圧倒されるような経験を持つことが望まれる。それと同時に人間のもっている有限性、障害や病気または老いることなどによる厳しい生の課題、差別や偏見を生み出してきた歴史的・社会的条件、愛する人との別離などにともなう喪失の経験に対する理解や共感なども身に付けて欲しいことである。これらは、例えば文学、芸術、歴史などの学習を経て学ぶことが期待される。

異文化，異民族，異性などへの理解の深化と共存

現代の時代は、国境、民族、宗教、文化、性、などのあらゆる境界が曖昧になりそれらが多様な形で接触し、相互に関与し合っている時代である。国際化時代、異文化との共生の時代などのことばを多く耳にする。授業はそのような多くの次元や場面における多様性について学び経験し、相互理解と相互依存を求めて実践する機会でありその課題について追究する場でもある。われわれ日

本人は，とかく身近な者同士が結合し閉鎖的になり，少しでも異種の要素があるものを排除しようとする態度をとりやすい。外国の社会での，日本人同士の密着と閉鎖的行動などはよく指摘されることである。またいじめなどの問題行動もそのような心理的メカニズムと無関係ではないように思われる。自分が持ち合わせていない他の要素を受け入れ承認することは，これからの時代を生きる上での必修課題であろう。このようなことを学ぶことも授業を中心とした学校教育の重要な役割であり，ここでも教師の工夫や取組みが期待される。

人間の変革としての学び

以上に述べてきた学ぶことの意味とは，学ぶことによって人間が新しく生まれ変わっていくということである。刻々と変化する状況に対応させながら自己の考え方や，行動の仕方を柔軟に変化させていくということが学ぶことの意味である。このような変革の過程に参与する教師の役割は大きくまた意義の深いことである。そしてこのような過程に参与するためには教師自身にもその方法・技術を含めた自己をつねに新しく作り変えてゆく姿勢と努力が要請されるのである。

(松平信久，野村　新＝4.-(1))

〔注〕斎藤喜博（1911〜1981）　教育実践家，教育指導者として全国の多くの教師に影響を与えた。特に，斎藤が1952年から11年間にわたって校長をつとめた群馬県佐波郡島小学校は，授業や学校行事の充実による子どもの可能性の追求，職場の民主化による教師の開放，地域の文化運動と学校の連帯など，従来の学校教育にはみられなかった新しい実践を試み，大きな成果を残した。著書『学校づくりの記』などを参照されたい。

〈参考文献〉
(1) J. A. コメニウス，鈴木秀勇訳『大教授学』1・2（世界教育学選集）（1973, 明治図書）
(2) J. J. ルソー，今野一雄訳『エミール』上・中・下巻（1962, 岩波文庫）
(3) J. H. ペスタロッチー，長尾十三二訳『シュタンツ便り』（世界教育学選集）（1980, 明治図書）
(4) 斎藤喜博編『島小の女教師』（1963, 明治図書）
(5) 斎藤喜博編『教師の仕事と技術』（1979, 国土社）
(6) 細谷俊夫『教育方法』第4版（1990, 岩波書店）
(7) 松平信久他編著『教育のライフコース』（1988, 東京大学出版会）

*2*章　授業が目指すものは何か

1．授業の方法・技術と子ども

(1) 子どもの事実に立った授業の展開

　近代教育は「子どもの発見によって成立した」と言ってもよい。近代教育の基礎をつくった思想家たちは，すべて人間とはそも何者か，子どもとはどのような存在かという追究に立って教育論を展開した。「自然に還れ」と明言したルソーは，当時一般的であった強制的な「鞭による教育」に対して，人間の本性＝つまり〈人間の自然〉に立った教育をすべきだと，その書『エミール』において主張した。ペスタロッチーは，「初等教育程度なら，どんな無学な母親でも簡単に教えられる教育の方法」を求めて，「教授の科学化」を試みた。しかも，実際に子どもを教えるなかで，人間の認識過程を究明（注：フィヒテによれば，カントの認識論と共通する）して，教授の原理やカリキュラムを構想し教授過程・方法論を展開した。フレーベルもペスタロッチーの教育思想を受け継いで「人間性」に立つ幼児教育論を展開した。教師中心主義の教育思想家と言われるヘルバルトにおいてさえ，表象心理学という彼独自の認識論に立つ教授論を展開した。また，自由主義教育運動は「vom Kinde aus（子どもから）」という発想のもとに教育論を展開した。経験主義教育のデューイも人間の問題解決の思考過程に立って問題解決学習を主張し，ブルーナーの発見学習も人間の発見過程を究明して，その筋道を学習過程とした。これらはいずれも人間，特に子どもの認識作用の特質の究明に立って教育論を展開した。

　ところで，われわれはどうであろうか。「子どもに学ぶ」とか「子ども中心

の教育」とか言いながら,果たして子どもの事実に立って教育をしているであろうか。最近,子どもが変わった,子どもがわからなくなったという嘆きを教師や父母から聞くが,われわれは本気で子どもを知ろうとしているのか,と自問するとき,悲しいかな,胸を張ってイエスとは言えない。

　教育の仕事は,教師が眼前にいる子どもの実態をどのようにとらえるかということから始まる。そして次に,そのような実態にある子どもをどのような方法・技術によって,どのような状態の子どもに発達・変革させるかということが問題になる。教育の方法・技術は,どこまでも子どものためのものであり,子ども一人ひとりの可能性を伸ばすためのものであり,ヒトが人間になるためのもの（Humanisierung）でなければならない。

　授業の方法・技術は,①授業の目標によって,そのあり方が決まり,②教師の子ども観と授業の目標に直結した子どもの実態把握によって,教育の方法・技術とその行使の方向が決まる。③また,授業目標を達成するための教材をどのようなものとしてとらえ,どのような観点で教材の選択・解釈をするかという,教師の教材観ならびに教材の選択・解釈の質によって教育の方法・技術が決まる。両者は不可分の関係にある。④さらに言えば,授業する教師の教育観,授業観によって授業の方法・技術が決定する。

　しかし,現実には,教師の子ども観や教育観・授業観,それに立つ教育目標や教材論と無関係に教育の方法・技術だけが一人歩きをしている状況がある。歴史的に見てみると,わが国の明治以降,教育の近代化を進めるなかで欧米の教育思想を取り入れる際にも,その過誤を繰り返してきた。そして今なお,授業の実践研究書や学校公開研究会等ですぐれた実践に出会うと,その基底にある教育観や授業観や子ども観を顧慮することなしに,授業や教育の表面に現れている方法や技術だけを切り取って模倣する傾向がある。

　それに対して,どこまでも子どもの事実に立って教育を実践し,教育論を展開したのが斎藤喜博である。そこで「島小教育」の斎藤喜博の授業論をもとに,教育の方法・技術と子どもについて,以下論述する。斎藤喜博は言う。

　「授業は,教材の持っている本質とか矛盾とかと,教師のねがっているもの

と，子どもたちの思考・感じ方・考え方との三つの緊張関係のなかに成立する。私は，教育というもの，授業というものをそういうものだと考えている。それが教育とか授業とかの本質であり，緊張関係のない授業は，授業などとはいえないのだと考えている。

そういう緊張関係は，教材自体が独立したいのちを持ち，方向性を持っているからできるのであり，教師が，一人の人間としての，また教師としての，教材に対する解釈を持ち，それを子どもに獲得させようとする強いねがいを持っているからできるのであり，子どももまた，教材に対して，それぞれの自分の考え方とか感じ方とか解釈とかを持っているからできるのである。この三つが授業のなかで的確にふれ合い，教師と子ども，子どもと子ども，教師と教材，子どもと教材との間に，複雑に相互交流を起こし，衝突を起こし，葛藤を起こすことによって，授業のなかに，こころよい密度の高い緊張関係はつくり出されていくのである」(『教育学のすすめ』，p. 85，筑摩書房)。

斎藤のこの陳述によれば，授業は，教師と子ども，子どもと教材，教師と教材，子どもと子どもとが対立・葛藤・衝突し，相互交流する緊張関係のなかに成立する。具体的に言えば，授業で子どもと教師とが教材解釈をめぐって，それぞれが持つものの見方・考え方・感じ方を対立・止揚させて弁証法的により高い次元の教材解釈をつくり出す。

つまり，子どもには子どもなりに教材についての解釈があり，その基盤をなす論理や認識の構造，価値の体系，思想の体系があり，それによって形成された世界があり，その世界を子どもは生きている。稚拙であろうが，論理的矛盾があろうが，子どもには子どもなりの構造や体系があり，それによって自然や社会をとらえ教材解釈をする。教師も同様に，認識の構造や価値の体系，思想の体系や論理を持ち，それに立って教材解釈をする。教材にもそれぞれ自然認識や社会認識，世界認識が内包されており，教材を支える認識のしかたや思考様式や感性があり，それによって構築された認識の構造，価値の体系，思想の体系があって一つの世界を形成している。授業においては，子どもと教師と教材のそれらの構造や体系が「対立・対決」し，「衝突を起こし・葛藤を起こす」

のである。斎藤はそれを「火花の散るような衝突をし合い，対決」をすると表現する。

　授業で子どもは，教材が持つその構造や体系と自分のそれとを対立・衝突・止揚させて，より高い次元の教材解釈ができる構造や体系を獲得・再編成していく。その仲立ちをするのが教師の仕事である。つまり教師は教材が内包する構造や体系を解釈し，教材についての子どもの解釈やその基盤をなす構造や体系を洞察して，どのようにすれば子どもと教材を対立・止揚させることができるか，構造や体系を変革させるかを吟味して教育の方法・技術を構想する。そうしてさらに教師は，子どもと自分とが解釈について対立・止揚し，子どもと子どもが対立・止揚するかを考えて授業を組織するわけである。

　しかも，斎藤は「教材自体が独立したいのちを持つ」ものとしてとらえており，教師が「主体を賭けて教材解釈をし」，子どもが「自分を賭けた教材解釈をする」ように授業を組織することで対立・止揚が起こると言うのである。そうして教材は，教師と子どもが教材と正対し立ち向かおうとするとき，教材の方から本質を表して迫ってくるとも言うのである。つまり子どもと教材との関係は一方通行ではなく，「対立・対決」である。ここでわれわれは，子どもと教師と教材を対等に位置づける子ども観，教材観に注目しなければならない。

　子どもの変革とか，構造や体系の変革・再編成とは，具体的には，「教師も子どもも，今までわかっていたと思っていたことがわからなくなってしまったり，思いも及ばなかったような解釈や思考がみんなの力で生まれてきたりする」（『教育現場ノート』全集7巻，p. 260，国土社）ことである。つまり子どもの発想の転換であり，思考様式の変革による思想の形成である。単なる知識の習得でもなければ，学習のしかたの習得でもない。

　現在，国語の授業で，教材の本質追求よりも読解力を育てようとして文章の構成や関係構造を追求させることに終始して，その結果，子どもを「国語嫌い」にしている授業がある。それに対して斎藤の授業論においては，教材は単に知識を習得させたり追求力を育てるための手段ではない。斎藤が追求した授業は，子どもに教材の本質を追究させて，教材に登場する人（物）の人生に出

会わせ教材の世界を生きさせることによって，自分の生き方を変革させ，新しい自分を発見させることを目指すものであり，その追求が科学的・論理的であるために，結果として子どもに追求力が育成される授業となるのである。

かつて，「教授」と「訓育」を峻別し，学力形成は「教授」で，人間の生き方にかかわる生活指導は「訓育」でという主張が教育界や学界を支配した。斎藤はそれに対して上述のような授業論とその実践によって，「教授」と「訓育」の統合を主張し続けた。その実践によって育てられた子どもたちは，斎藤教授論の正当性を明白に証明していったのである。

(2) 子どもの自発性・自主性と教師の指導性

一般的に教師の指導性重視の教育を直ちに「悪」とし，子どもの自発性・自主性重視を「善」とする傾向がある。しかし教育には教師の指導性によって教材内容を理解させ技術を習得させる「知識の伝達」という側面があり，そのような教師の指導性に基づいた授業で，子どもの思考の論理や経験を重視しながら授業を進めて子どもが生かされる授業となる場合がある。そのような授業をも教師中心主義の授業であるとして否定してしまってよいものであろうか。

反対に，子どもの自発性や自主性，主体性重視の教育を，すべて直ちに「善」としてよいかどうか。すべての子どもには，内在的に発達する能力が潜在しており，その能力を引き出すのが授業であり教育であるとする開発的授業観・教育観がある。その場合，その能力を生み出すのは子ども自身であり，教師は子どもが生み出す援助者であり，その援助活動が授業であり教育であるという助成作用観である。問題は，子どもには自発性,自主性,主体性が内在しており，それを尊重すべきで，教師の干渉によって子どもの発達を阻害してはならない，もし指導する場合でも援助活動にとどめるべきであるという主張である。この考えに立つ指導は多くの人によって支持されるが，時として，子どもの自発性,自主性,主体性を強調するあまり，自由放任の教育（保育）に陥る危険性がある。否，現実に幼稚園教育要領を誤解した自由放任の保育が見受けられるのが，それである。多発している学級崩壊はこの指導観と無関係ではない。

それに対して，自発性や自主性，主体性は，すべての子どもに潜在しているが，教師の適切な指導によってはじめて開発・伸長するのであって，たとえ子どもの自発性，自主性が発動しても，教師の指導がなければ，それは発達・伸長しないまま消失するという指導観がある。子どもの単なる欲求や衝動から出た行為を自発的・自主的行為と錯覚して子どもの恣意的行為に引きずり回されてはならないとして，教師の積極的な指導性を主張する。この立場に立つのが斎藤喜博である。

　斎藤は，「教育とは，子どもたちに教えるとか，助成するとかいうなまやさしいものではなく，子どものなかにあるものを，つかみとり，引っぱり出してやる激しい作業だと思っている。地下に眠っている石炭を地上に掘り出し，火をつけて燃やすような作業だと思っている。また子どものなかにないものまでも創り出してやる作業だと思っている。」(『授業入門』全集4巻，p. 48，国土社）と言う。

　この陳述は教師中心主義と誤解されかねない主張である。斎藤は，もちろん，「子どものなかにないものは創り出せない」ことを十分承知しながら，このように誤解されるような厳しい発言をしているのである。なぜか。その意味するところは，教師の適切な指導によって，授業で子どもが新しい自分を発見するとき，「このような能力が自分にあったのか」と教師も子ども自身も，その可能性の豊かさに驚くような事実が生まれることがあり，それはまさに「子どものなかにないものまで創り出してやる作業」であり，斎藤の主張はこの意味と解すべきであろう。それほど教師の指導性は重要であり，子どもの自発性・自主性尊重の教育の名目に隠れて指導技術や方法を持たずに子どもを放任するようなことは，教育のプロとして決してあってはならないことである。

(3) 教材と切り結んだ子ども理解

　授業をする場合，子どもをどのような存在としてとらえるかという教師の子ども観と，教材についての子どもの解釈の実態把握の度合いによって，方法・技術を駆使する教師の戦略が決定する。

子どもは教師の指示・指導がなければ，何もできない存在であり教師の思いのままになるものとして，一方的に，場合によっては高圧的に授業する教師がいる。それとは対照的に表面上は子どもの自発性・自主性を尊重し，子どもの考えや意見を生かしているように見える授業で，実際は教師の思いどおりに授業を運び，子どもを操作する教師主導型の操作主義の授業がある。しかも，このような「うまい授業」をする教師のなかにベテランと言われる教師が多い。また，「教育は子どもと対等」と称して子どもに媚び・へつらい・おもねて授業する教師がいる。いずれも教師の圧力や操作によって子どもは動かせるものとする，子どもを見くびった不遜な子ども観であり教育観である。このような圧力や操作的意図を子どもが見抜くとき不信感が起こる。子どもは意外にそれを見抜いていながら教師に合わせていることが多い。

斎藤の授業論における子どもは，前述したように教師に対して対等に対決・対立する存在としてとらえられており，教材に対しても「自分を賭けて解釈」し，対決・対立する存在として位置づけている。子どもは子どもなりに自分の考えを持ち論理を持って自己投企する主体であり，決断し自己決定する存在としてとらえる人間学的な子ども観がある。たとえ教師の意見であろうとも，論理的に矛盾があり根拠が曖昧であれば決して妥協しない，自分を持った子どもたちと見る子ども観である。

斎藤は子どもの可能性について，次のように考える。教師は，子どもの事実に立って，この子にはこんなことができそうだ，できるかもしれないと予測して，さまざまな方法を工夫して授業をする。そうしてその可能性を子どもが実現すると，また新しい可能性が見えてくる。そこでいろいろな努力を重ねてその可能性が実現すると，さらに新しい展望が開けてくる。その意味で，子どもの可能性は無限である。教師に「何としてでも」という強い願いがあれば，いろいろな工夫がされて新しい方法・技術が生まれる。子どもの可能性に対する信頼や子どもへの畏敬は，教育の事実をつくることにおいて生まれるものであり，単なる観念ではない。

子ども理解について言えば，授業では，まず，眼前にいる子どもがどのよう

な知識や技術を持ち，ものの見方や考え方，感じ方をもっているかという学習のレディネスについての実態把握が要求される。そして次の段階では，その把握に基づいて，その子どもを授業によってどのようなものの見方や考え方，感じ方のできる子どもに変えるのか，そのための適切な教材は何かが問題になる。授業が子どもと教材との対立・止揚過程であるとするなら，子どもの既有のものの見方や考え方，感じ方と対立・変革できる価値を内包した教材でなくてはならない。そうしてそのようにして選ばれた教材に即した授業の方法・技術が構想・展開するわけで，教材に結び付いた子どもの実態把握が不可欠となる。

　一般論としての子どもの実態把握では授業は始まらない。小学生一般，3年生一般ではどうにもならない。授業する教材と切り結んだ子どもの実態の把握でなくては授業は成立しない。子どもが教材について何を知り，どんな思考様式や論理を持ち，どんな感じ方をしていて，教材に対してどのようなアプローチをしてどんな解釈をするかを，あらゆる角度から検討してとらえていなくてはならない。さらに言えば，その解釈の基盤をなす子どもの認識の構造や価値の体系，思想の体系を見抜いておかなくては，子どもの解釈を変革する方法や技術を構想できないし，戦略は立てられない。

　ところが，子どもの実態把握が学級の子ども一般か，学年の子ども一般についての把握に終わっていて，教材と切り結んだ子ども一人ひとりについての実態把握になっていない場合が多い。斎藤喜博の指導によって作られた島小学校の指導案は，このような問題を解決する上で大きな示唆を与える。

　島小学校の指導案には，「展開の核」「子どもの可能性」「授業の結晶点」「予想される難問」の記入欄があり，教材についての子どもの実態と，それに対する教師の戦略と実現可能性を記述する形式になっている。「展開の核」の欄では教師が指導する「核」になる内容を配列する。「展開の核」の配列は単なる進行の順序ではなく，教科の論理と子どもの論理に立って授業のヤマ場に向かって収斂していくように展開するものでなくてはならない。「子どもの可能性」の欄には，それぞれの展開の核ごとに子どもが到達できると予想される考え方，読み取りの内容，表現力の程度や内容などを記入するようになっており

子ども一人ひとりの現状と可能性を把握しておかなくては書けない。「授業の結晶点」には，その核について教師と子どもが対立・衝突した結果，何が実現できるか到達点の予想を書く。「予想される難問」では，子どもがつまずいたり間違うことについて予想し，その対処のしかたを書くようになっている。

この指導案は子どもへの深い理解がなければ書けない指導案であり，子どもの学習活動を引き出して，ものの見方や考え方，感じ方を変革しようとする手立てや方法などの戦略が記され，教師の思想が表現される指導案である。

2．子どもの固有性と方法・技術の創造性

(1) 個々の子どもの可能性をひらく教授の原則の追求

子どもは知り，わかり，できるようになりたいと欲求し，それが可能な存在である。そうしてさらに，一人ひとりの子どもにその子固有の知り方・わかり方・でき方を追求させて，その子らしい発想と論理を持たせ，その子の思想を形成するのが授業であり教育の仕事である。人はすべて生涯にわたって自分の自分らしさを追求して自分の人生をつくっていかなくてはならない。

学校教育はその基礎を創っていく場である。跳び箱を跳ぶなかに，その子の助走のしかたがあり，着地のしかたがある。国語の授業で朗読するなかに，一人ひとりの教材解釈に立つ朗読のしかたがある。上手にすらすらと読めればよいのではない。抑揚やリズム，間の取り方や高調するしかたのなかに，その子が存在する朗読ができるようにしなければならない。歌であれば，歌唱するなかに一人ひとりの子どもの歌詞や曲想についての解釈が表現されなければならない。算数は正答が得られればよいのではなく，その数式のなかにその子固有の発想と論理展開があり，数式はその子の思想表現と考えるべきである。絵の中にその子の線があり形があり色が創り出されるような指導のあり方を構想しなくてはならない。この事実をつくり出すための教授の原理・原則の追求が要求される。教材にはそれぞれ教材の原理・原則があり，授業には授業の方法・

技術を支える原理・原則がある。その原理・原則はあくまでも子どもの事実に立って究明され応用されなくてはならない。授業や教育は創造的で一回性をその特質とする。そのような厳しい授業の追求のなかで，多くの先達は教授の科学化・法則化を求め普遍性を求めていったのである。

(2) 授業の方法・技術の創造性と固有性

ところが，最近，他者の創造・開発したものを形だけ模倣したり，「教育の科学化」と称して，学年共通の指導案を作って授業する学校があり教師がいる。知識や技術を教師が一方的に子どもに教え込むだけの授業であるならば，このような方法も可能かもしれない。

それに対して，授業の原理・原則の追求に生涯を賭け，それを教師共有の財産にしようとした教育実践・研究者が斎藤喜博である。斎藤は，授業においてはどんな教師が，どこでやっても簡単にできるような安直な方法・技術等はないと考える。斎藤において授業は，子どもと教師が自分を賭け主体を賭けて「火花の散るような衝突をし合い，対決」するもので，他者が創造・開発したものを，形だけつまみ食い的に模倣して「よい授業」ができるようなものでないとして，それらの方法・技術を寄せ集める拙速を戒めた。仮に授業の方法・技術や原理・原則が発見・開発されて，それを模倣すれば容易に授業ができたとしても，その授業にはその原理・原則があるだけで，授業を組織する主体者としての教師もいなければ，学習の主体者である子どもも存在しない。斎藤はそう考えた。

斎藤は，授業における典型を創り出すことによって，それを支える原理・原則を究明しようとした。それをいろいろな学校で実践して，その普遍性を確かめようとした。斎藤の指導のもとでそれを取り入れようとした教師たちは，表面的な模倣ではなく，一人ひとりが創造・発見過程をくぐりぬけることによって，自らの独創的な授業を創造したのである。それらの学校や教師の実践は，斎藤が島小や境小で実践のなかから創造した原理・原則に学びながら，島小や境小の教師たちと同様な産みの苦しみを経験して創造した教育の事実であった。

こうして生み出されたものこそが、この意味における共有の財であり授業における普遍性である。

　対象とする子どもの知識や技術、思考力や感性や追求力の内容や程度によって教材が決まり、授業の方法や技術が決まってくるはずである。また、同じ学級の子どもを対象に授業しても、指導する教師が異なれば、その教師の教材解釈力や指導力によって方法や技術が変わってくるはずである。教師のレベルによって駆使できる方法や技術があり、子どもたちの追求力によって教師が使える教育方法や技術の違いがあるはずである。

　医療の世界においては、医師が自分の技量で手に余る疾病の患者や自分の病院の設備で対応できない場合は、患者をそれが可能な他の医療機関に転送するのが常識である。

　ところが教師の場合は、授業する対象の子どもを選べない。同学年では教職経験豊かなベテラン教師も新卒教師も同じ教科書を使い、同じ教材で授業しなければならないことが多い。それゆえ、同じ教材で授業する場合、それぞれの教師は、子どもの実態と自分の力量に応じて授業展開の角度や構成を変え、それに応じた方法・技術をつくり出していくほかない。

　斎藤は言う。「教師の技術とか技能とかも、対象である子どもたちの、感覚とか論理とか具体的な行動とかに即して、そのときの瞬間瞬間に、もっとも適切な技術とか技能とかが選びぬかれたり、つくり出されたりして使われたとき、生きたものとなり子どもの力を引き出すものとなっていくのである。技術とか技能とかが、単に教える道具としてあるのではなく、教師という人間に深くくっつき、子どもの現実に深くつながったものとなったとき、はじめて意味のあるものとなっていくのである。そういう人間的な技術とか技能になったとき、子どもたちの持っているものを多様に引き出し、子どもたちをつくりかえるようなものになっていくのである」(『授業と教材解釈』、pp. 207〜208、一莖書房)と。

3．授業における質の追求と方法・技術

(1) 開放された授業

　授業の方法や技術を論じる前に，授業像が問われなければならない。私は求めるべき授業像として，子どもの自然な姿が見られる授業，子どもの本音が語られる開放された授業をあげたい。このような授業が子どもの可能性を伸ばす必須の条件であると考える。斎藤が追求した授業を写真集の『未来誕生』（一莖書房）や『いのちこの美しきもの』（筑摩書房）からとらえ，その授業の様子を大江健三郎のルポルタージュ「未来につながる教室」（『厳粛な綱渡り』講談社文芸文庫所収）を見ると，子どもと一緒にもがき，つまずき，立ち往生する教師がおり，子どもたちも考え込んだり，はっとしたり，自分の考えを汗をかきかき発言をしたり，うなずいたり，口を尖らせて反論したり，笑ったり，いいよどんだり，教師の説明や友だちの意見になるほどと感心したりする開放（解放）された子どものいる授業である。しかし論理的に矛盾があったり，根拠があいまいであったりすれば，たとえ教師であろうとも妥協しない子どもたちであり，新しい発見に手放しで喜んだり感動したりする教師と子どものいる授業である。どろくさく，生活のにおいがして温もりのある授業である一方，斎藤の言葉で言えば「松の葉に雨の降る音がよく聞こえる」ような集中があり，はりつめた感覚の緊張がみなぎっている静かな授業である。

　ところが最近の学校では，さめた授業，活気のない授業が多い。それにはさまざまな原因が考えられるが，授業をスマートにうまくやろうとするところに一因があるように思えてならない。特に形式主義化した授業が多い。例えば，「私は○○だと思います。そのわけは○○だからです」とか，「賛成します。そのわけは……だからです」，「反対します。わけは，……です。私は○○と思います」という形式で意見を発表し，その場合，「大きな声ではっきり発言する」等の約束事で進める授業である。なかには教室の前の壁に「発表のしか

た」を提示している学級さえある。この形式に従わないものは非難され切り捨てられる。

そもそも子どもの発言が上述の形式にしっかり当てはまるようになされるなら，その授業はすでに目的を達しているわけで，授業をする必要はない。わかりきったことについて討論するなら，論理的に根拠をもって主張できるであろうが，未知の事柄を追求するのが授業であり，そうして発見・創造したことについて論理的な説明やその根拠を究明するのが授業である。斎藤も，「子どもたちの思考はもっと流動的でなければならないし，もともと子どもたちの思考は，幼いものであったり，ことばたらずのものであったり，さまざまの矛盾したものをふくんだりしているのがとうぜんのこと」であると述べ，「授業は，そういう子どもたちのさまざまの思考を，どろどろのままに引き出していくべきものである。どろどろの子どもたちの思考をそのままに引き出し整理したり，拡大したり，反ばくしたり，他の子どもの思考とつなげたり衝突させたりすることによって，どろどろしたものをだんだん一つの明確なものにしていったり，その子どもの考えを変えていったり，学級全体のなかに新しい考えをつくり出したりしていったりする作業である」（『授業と教材解釈』，pp. 135～136，一莖書房）と論じている。

(2) 授業の方法・技術についての基本課題

授業の方法・技術について基本的なことを若干述べてみたい。

先にも述べたように，授業には，子どもと教師，子どもと教材，教師と教材，子どもと子どもの間に対立を起こす場面設定が必要である。ところが，「対立のある授業」をと称して，侃々諤々子どもに討論させる授業をよく見かける。なるほど斎藤の授業論には，子どもと教師が自分を賭け主体を賭けて「火花の散るような衝突をし合い，対決して……」とか，「深い地下から石炭を掘り出し，火をつけて燃やすような」などの主張がある。しかし斎藤においては，子どもが教師や教材と対立するばかりではなく，子どもや教師が「たえず，教材と対決し自分と対決し」（『心の窓を開いて』全集3巻，p. 422，国土社）と言

うように，自分と自分との内面的な対立を重視しているのである。斎藤の授業に見られるしっとりした温かさと強さは，この内面的な対立からくるものと思われる。侃々諤々の授業では，相手をやっつけたり非難したりして得意がる，こましゃくれた子どもになる危険性がある。すでに現実にそうなっている。

次に授業の構成についてであるが，授業が展開するためには，構成にメリハリがあり，流れやリズムがあり，間が必要である。しかも，その流れやリズムは変化しながら，子どもの思考の論理と教科の論理に立って授業のヤマ場に向かって収斂していくように構成・組織されなくてはならない。

それは創造・追求のドラマである。しかしドラマとしてメリハリのある構成がされたとしても，教科の論理を無視すれば矛盾が起こり，流れは生まれないし，子どもの思考の論理やリズムに合致していなくては違和感があり，子どもが生きられる心地よい緊張感のあるドラマとしての授業にはならない。

また，授業の重要な方法・技術でこれまであまり問題にされなかったのは，教師の声と話し方である。声の大きさについて声が嗄れるまで大声を出すか，マイクを使う等機械に頼ろうとする。やはり肉声で語るのが望ましい。声の大きさだけでなく，明瞭性や速さや抑揚，間の取り方，声の質が問題にされなくてはならない。子どもの内面に語りかけるような，柔らかさとまるみのある声の質と子どもの思考やリズムに合った話し方が問題にされなくてはならない。

授業の展開にかかわる方法・技術の中心的なものに教師の発問がある。教師の発問は子どもを教材の世界に導き入れ，教材の本質に迫らせるための方法である。発問はこの「窓」から何が見えるか，どんな世界が広がっているかを問うものであり，教師の子どもに対する真理への指さしである。したがって，教師は子どもに問う前に，自分自身に問うて問うて問い抜かなければならない。教材の本質に向かって問うことによって教師自身の教材理解を深め，それに基づいた発問を構造的にして学級の子どもに教材の本質との対面をさせるわけであるから，教師は，発問に先立って教材解釈を深め，教材の本質へ向かう方向性と道筋をあらかじめ把握しておかなければならない。　　　　　（野村　新）

3章　授業の構想と計画

1．構想と計画の基本的視点

(1) 授業を構想するときはどんなときか

　人間は，これから何かしようというとき，よほど日常生活になじんでしまったことは別として，あらかじめそのことについて考えを組み立てたり，事前の準備をするものである。

　主婦は歯を磨くのに構想を立てたりはしないが，夕食の献立はあらかじめ立てることが多いだろう。棋士は対局に臨めば相手を研究し，勝ち切る構想を練る。プロ野球の監督も同じである。小説家は一編の小説を書きあげるのに，材料を集め，構想を立てて臨まなければ書き切ることはできない。

　映画や演劇や建築などのように集団による仕事になれば，いよいよその必要性が高くなる。演出プランや設計図は必要不可欠であり，それがなければ仕事にならない。

　教師にとっての授業も原則としては同じであり，事前に構想を立て，さまざまな準備をして臨むものである。教師ひとりのことで考えれば，それは小説家の場合に似ているかもしれないが，一方，授業は教育の一環として学校という場で行われるということから，教師集団の仕事として考えられ，その意味では演劇の仕事や建築の作業にも似ていることになる。

　以上のことは原則であって，実情はちょっと違うかもしれない。

　読者には小学生，中学生時代のことを思い出していただきたいが，1日の授業の回数はかなり多かったはずである。小学校1年生でも1日4，5時間，高

学年や中学生では6時間から時には7時間目もあったりする。1年間トータルすれば、小学校1年生でも782時間、高学年や中学生は900時間を超える（新学習指導要領による）。受ける子どもの方も大変だが、実際に授業する教師の身になってみれば、これをすべて小説創作や演劇上演のつもりでやることは不可能である。そんなことをしていたら命がもたないことになる。そういう意味では授業は日常的なものであり、かぎりなく主婦の夕食準備に近づいてくる。少し冗談まじりに言えば、歯磨きに似ていないこともない。

　教師の世界に、一種の隠語だが"階段教材研究"ということばがある。職員室から教室へ行くまでの階段を上がりながら次の授業の準備をするということなのであるが、授業というものの日常性をよく表していることばだろう。ただこのことばはあくまで隠語であり、自己卑下のニュアンスのもとで使われるのが普通だから、逆にみれば教師たる者は授業に十分な準備をして臨むのが本来なのであるということが建て前としてしっかりできていることを示してもいるのである。

　こんなことを言うのは授業などはたいした仕事ではないし、どんなふうにやってもよいと言いたいからではない。そうではなくて、教育は長い見通しのもとに続けられる仕事であって、学期や年間の見通し、場合によってはもっと長い時間の見通しをもって進められるものであり、その上で1か月をどうするか、1週間を、1日をどう按配していくかという戦略が立てられ、個々の授業の軽重が変わってくるものだということなのである。それが教育における実践というものなのである。その意味では節目、節目となる授業においては事前に構想を練り、十分な準備をして臨むものであることは言うまでもないことである。

　さらに教師として生きていく世界には、対外的に自分の授業を公開しなければいけない機会も少なくない。校内授業研究会、指導主事の学校訪問、学校公開研究会などで行う授業であり、教育実習生にとっての研究授業もこれに入る。こういう時の授業が歯磨きのようであっては情けないことになる。そしてこういう行事としての研究授業がよいものとなるかどうかは、前に言った意味での節目の授業が十分な構想と準備のもとに行われていたかどうかにかかってくる。

(2) 設計書としての指導案

　学校の世界においては，授業の計画，構想，準備など事前の作業の結果は指導案として表現されるのが普通である。特に前記した公式行事の中で行われる授業の場合には必要不可欠なものとされており，指導案の書式にも共通の項目や書き方がある。

　指導案というのは略称で，正しくは「学習指導案」のことである。最近では生活科や学級活動の授業については「学習活動案」とすることもあるが，この場合でも指導案と呼ぶのが普通である。

　指導案のことは授業案と呼ぶこともあるが，同じものを指している。古くは教案とか教授案などと呼んだから，退職した教師の話や昔の書物にこのことばで出てくることもあるはずである。

　指導案は一般的にはひとつのまとまった時限の授業の計画や準備を示すものであるが，厳密にはこれは「本時案」のことで，扱う期間の違いによってさまざまな指導案がある。

　1年間の計画は「年間指導計画」と呼ばれ，まず学校全体で立てられ，次にそれを受けて学年で，そして学級で立てられる。学校の年間指導計画は必ず文書化されるが，学年，学級の個々のものまで文書になるとは限らないようである。

　次が月単位の指導案で，「月案」と呼ばれ，以下「週案」，「日案」，「本時案」となる。

　極めて厳密に言えば，教師はこれらすべての指導案を作成し，管理者である学校長に提出し，裁可を受けることとなっている。また，実際にそれを要求する校長もあるらしいが，それは例外で実際は簡略化されているのが普通である。それは当然のことで，そんなことをしていたのでは文書を作るだけで精一杯でかんじんの子どもたちへの指導が疎かになってしまうからである。

　実情はともかくとして，指導案がこのように系統化されているということは，授業が個々の教師の仕事であるとともに，他面では学校という組織の仕事の一

部であり、さらには公教育という大きなまとまりの一部だということを示しているのである。この後者の面が強調され過ぎると、指導案が授業の構想や準備の表現であるよりは教師や子どもの管理の道具になってしまうことになる。

さらに「本時案」としての指導案にも日常の授業の計画を簡略に記した「略案」と研究授業などで作成される「細案」（「密案」とか「精案」と呼ぶこともある）とがあることも付け加えておきたい。

以上のように指導案にもいろいろのレベルや種類の違いがあり、その機能や役割もさまざまであるが、かんじんなことは授業というものが原則としては計画に従い、事前に構想を練り、準備をして臨むものであること、そしてその結果をあらかじめ指導案として作成しておくものだということである。その意味では指導案は建築の仕事の設計書にあたるものである。

教育実習生への批判として、よく「指導案も書けない」と言われることがあるが、学生として何が大切かということは別として、指導案は学校世界のシンボルみたいなものでもあるから、教職への準備、あるいは学校世界への入り口として指導案の書き方を勉強し、実際に作成する経験をもっておくことは必要なことだろう。また、実際に指導案を作成してみるという作業を通すことによって授業というものをより深く理解できるようになる可能性が高いという意味でも必要な勉強だと言ってよいだろう。

(3) イメージとしての授業プラン

しかし、文書としての指導案を書くということは絶対的に必要なことではない。特にそれが教師の管理や服従を強いる手段になっている場合には本物の授業を志す教師にとってはかえって邪魔になるからである。

授業の創造ということを熱心に唱えた斎藤喜博は若い時の自分の経験をこんなふうに記している。

「教案の提出のことも猪熊校長はうるさくいった。毎日翌日の教案を書き、それを校長のところへ出すと、校長は認印を押して返してよこすのだった。出さない人がいるとすぐ『未提出者』として職員室の黒板に書かれたり呼ばれた

りした。しかし，私は教案を一度も校長のところへ出したことがなかった。
　すると校長は，ある日，校長室へ私を呼んだ。そして『教案を毎日出してください。これは教師としてやらなければならない義務なのですから』といった。私は，教材研究を教科書へいっぱい書き込んだり，どの子はどこがわからないだろうなどということも教科書に書き込んでいた。大学ノートを使って，指導の予定や指導記録や，指導の結果の反省事項なども書き込んでいた。また，教室全体にさまざまな設備をして，それが指導案にもなるようにしていた。そういうことを話して私は『それらがみな指導案なのだ。だから私は，形式的な指導案などいらない。そういう形式的な仕事をする時間に実際的なことをしたいのだ。だから書かないのだ』といった」（斎藤喜博『可能性に生きる』1966）
　斎藤喜博も授業の構想や準備を不必要と言っているのでもないし，実質的な指導案の必要性も否定していない。ただ，形式的で，管理の道具としての指導案に拒否反応を示しているのである。実際上，教科書やプリントに自分で書き込みをすることは実質的な指導案と言ってよいだろう。
　このような理由からとは違うが，林竹二も文書としての指導案とは異なる実質的な指導案の大切さをこのように語っている。
　「わたしが，自分の授業を，はたして授業といえるのかといつもうしろめたいのは，私には確固たる授業プランがなく，かつて指導案のようなものをつくったことがないからです。もっともこういうやり方になってしまったことには，それなりに理由がないこともありません。その理由の第一は，私の出会う子どもたちは，いつも原則として初対面の子どもたちだということで，もう一つは，私の場合，教材がいつも手作りで，いわば自分の中にあるということでしょう。子どもは授業の度毎に，いつも初対面なのですから，子どもの反応を，前もって計算にいれることはできません。これが逆に授業の中で出てくる子どもの事実にたいして，私を白紙で向かわせることになって，その都度新鮮な子どもの事実が私の授業展開を規定しているのかもしれません。
　それはともかくとして，授業の始まる前は，子どもについては私は白紙ですから，授業にたいする私の『準備』は，もっぱら自分の内にある，まだ形を

もっていない『教材』について，その本質を問い返したり，またその教材をどのように提示すれば子どもにその本質を『入れる』ことができるかという思案があるだけなのです。この作業を通じて，私の中に提示したいことのイメージが次第に形をとるようです。私の授業を導くものは，授業のプランでなく，このイメージであるようです。しいて授業プランについて語るとすれば，それはこのイメージが授業の中での子どもたちの具体的な活動に媒介されて形をとっていったその跡を分析するとき成立するのかもしれません」（林竹二・斎藤喜博対談「一つを深く追求して」『開く』9号，1974）

　ここでは林竹二は自分の側の理由からイメージとしての授業プランにとどまらざるをえないことを述べているのであるが，林竹二の事情を離れても文書としての指導案の原形として，あるいはその根底にあるものとして，イメージとしての授業プランが存在するものであることを教えてくれている。

　実際，文章に表すということは誰にでも通じる約束に従うことである。まして指導案にはある程度確立された書式もあり，記述上の約束もある。一方授業はその授業者の個性によって作り出されていくという面がある。そういう授業への構想や準備を指導案に盛り込むことが自己目的になれば，授業の個性や創造性が殺されることになる危険性も多分に生じる。

　そういう意味では文書としての指導案作成の大切さとともに，自分の中にイメージとしての授業プランを展開させることの大切さを指摘しておきたい。

2．指導案をどう書くか

(1) 指導案の項目

　教育実習生や初任教師にとっては指導案の中の「本時案」の書き方を身に付けておくことは必要なことである。

　そしてこのような意味での記載項目と形式というのはどこの学校でも，どんな参考書でもほぼ共通になっている。それを大きく括れば，次の3項目になる。

（A）誰が，どの学級で，どういう題目の授業をするのか，そしてそれは計画のどのあたりなのか，ということを示すもので，いわば授業の住居表示みたいなものである。

そしてここに属する項目を挙げると，だいたいこんなものになるだろう。

① 単元あるいは題材の名称
② 授業の日時・学級・授業者の名前
③ 教材観（単元設定の理由）
④ 児童観（学級や児童生徒の実態）
⑤ 指導計画と時間配分（本時の位置づけ）
⑥ 本時の目標
⑦ 教材解釈（本時の教材についての自分の考え）

もちろんこれらの項目がすべて必ず必要なわけでもないし，2つをまとめたりしても構わないのである。

（B）その時限においてどのように展開する予定（計画）なのかを簡単に，他人にもわかるように示しておくことである（指導過程と呼んだり，そう表示することが多い）。

ここでは大きく分けると予定する教師側の指導活動と予想される児童・生徒の学習活動を摘記することとその他の留意事項を示しておくことである。だいたいは箇条書きしたり図表化することになる。

（C）その時限内での板書の予定，準備する教材（特に視聴覚の教材）と教具，配布物などを示しておく。評価（テストなどを予定している場合）について書く場合もある。これらは（B）の中に書き込んでおく場合もあるし，（B）の表示の後に付け加えることもある。

(2) 指導案の形式例

以上のような項目を盛り込んで，分量としてはB4（半紙大）の用紙に，横書きで2〜3枚にまとめることである。1枚では盛り切れないが，無理して3枚にする必要はない。次の例は標準的なもので一つの参考である。

2　指導案の形式例

```
指導案形式
    第○学年○○科学習指導案
    ○年○組　授業者（実習生）○○○○
1．教　材　単元名は、教科によって次のように使いわけたりする。
        題目…（算数、家庭、学級指導）　単元…（単元名…理科、小単元名…社会）
        教材…（国語,体育）　題材…（音楽、図工）　主題名（道徳）
2．本時のねらい
3．指導計画と時間配当
    第一次
    第二次
    第三次　　　　　　　　　　　　　　本時（2／3）
4．指導にあたって
    ・教材観（教材に対する考え、この教材の学年での位置、前学年の内容、次学年へのつ
      ながりなど）
    ・児童観（教材に対する児童の実態、学習に対する一般的傾向など）
    ・授業の問題点（指導の最も重要な場面はどこか、研究してもらいたいことはどこかなど）
    ・準　備
5．指導過程
6．その他（板書事項、教材構造図、評価の観点など）
```

※　指導過程の項目いろいろ

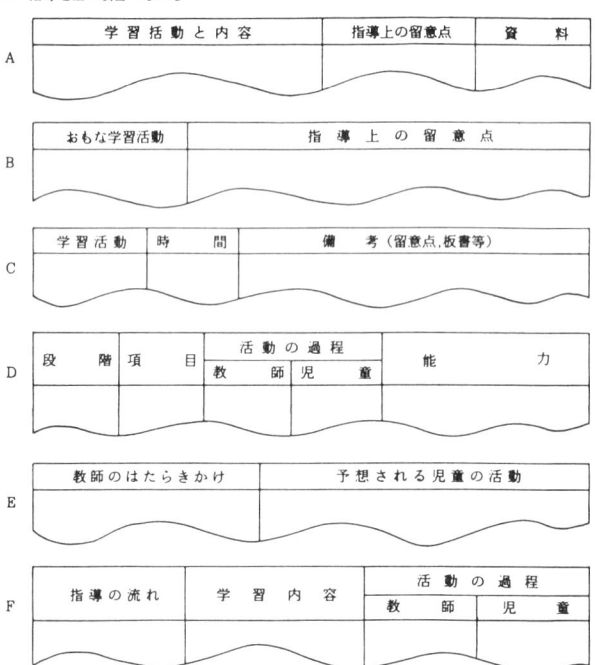

A

学習活動と内容	指導上の留意点	資　料

B

おもな学習活動	指導上の留意点

C

学習活動	時　間	備　考（留意点,板書等）

D

段　階	項　目	活動の過程		能　力
		教師	児童	

E

教師のはたらきかけ	予想される児童の活動

F

指導の流れ	学習内容	活動の過程	
		教師	児童

（宮城教育大学附属小学校編「教育実習の手引」平成7年版より）

(3) 指導過程（展開計画）の実例

以下に一つの参考として宮城教育大学の3年次学生が附属小学校の教官の指導を受けながら作成した指導案のうち，指導過程の部分を例示しておく。

6学年体育「跳び箱運動」

(3) 指導過程

主な学習活動	指導上の留意点
1. 集合・整列をする。	1. 素早く集合させる。
2. 準備運動をする。	2. 跳び箱運動を行ううえで適した動きを取り入れながら体を充分ほぐさせる。
3. 本時の学習課題をつかむ。	3. 課題を提示し，新しい技への取り組みに対する意欲を持たせる。
工夫した場であおむけ跳びを練習しよう。	
4. (1) 前時までに練習した，自分のめあてとする跳び越しや得意な跳び越しを楽しむ。	4. (1) 安全確認をしっかりさせながら，体をほぐすつもりで運動させる。教師は個別に助言・指導をする。
(2) 練習の工夫を考え，あおむけ跳びの練習する。 ① あおむけ跳びをイメージする。 〇今までの跳びかたと，どこが違うだろう。 ② 一度跳んでみる。 ③ 練習の場の工夫を考える。 〇練習の場や方法をどんな工夫したらいいだろう。 ④ 工夫した場をつくり，自分のできそうな場で練習する。	(2) ① 見本をみせたり，教科書や，あらかじめ準備した図を用いてあおむけ跳びをイメージさせる。片足で踏み切ることや，空間姿勢，着手の仕方が今までと違うことを把握させる。 ② あおむけ跳びができそうか，試させる。 ③ 子供に考えさせるが，必要に応じて教師が工夫の場や方法について助言する。 ④ 安全に注意する事を確認し，それぞれの能力に応じた場で練習させる。教師は個々に応じた助言，指導を行う。すぐにできた子には，姿勢，着地の指導をして，各自に適切なめあてを持たせる。
5. 2〜3人発表して，友達の発表をみる。	5. 跳べるようになった子供や，本時で上達したと思われる子供を指名して，発表させる。友達の発表をみせ，教師が助言などして，技のポイント，個々の達成度をつかませる。
6. 整理運動をする。	6. 手首，足首，首，膝などを中心に，整理運動をさせる。 ※皆で協力して，順番を守り，安全に片付けをするよう指示する

5. 板書計画

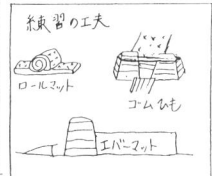

次のものも実習生の指導案の指導過程の部分であるが，児童の活動を主体に表示している。

4学年国語「アナトール工場へ行く」

(3) 指導過程

学習の流れ	予想される子供の反応	指導上の留意点
1. 本時の学習課題を確認する。 　アナトールは、どんな気持ちで仕事をしたのだろう。		1. 本時の学習場面（P.89 l.6～P.93 l.1）を確認させてから、学習課題を提示する。
2. 本時の学習部分を音読する。		2. 第四場面、第五場面と分けて各一名ずつ音読させる。 ・登場人物の気持ちが分かるようにゆっくり正確に読ませる。
3. アナトールの仕事の内容を読み取る。 ・アナトールはどんなことをしたのだろう	・家でカードを作った ・チーズ工場に行った ・試食室で味をした ・家や工場で仕事をした	3. 本文に即して、どこで、何を、どうしたのか、というアナトールの行動を押さえさせる。
4. アナトールの仕事に対する意気込みに気づく。 ・アナトールの仕事ぶりはどんな感じがしますか。 ・そう感じたのはなぜですか。	・一生懸命やっている ・真剣にやっている ・忙しく働いている ・やる気になっている ・「さっそく」 ・「行ったり来たりしながら」	4. 「大事そうに」「まっしぐらに」「こっそりと」「さっそく」という表現から、アナトールの仕事に対する気持ちに気づかせ、今までの残り物あさりとは違う「仕事」という意識をアナトールが持っていることを押さえさせる。
5. 仕事を終えたアナトールが誇りと自信を持ったことを考える。 ・仕事を終えたアナトールはどんな気持ちなのだろう。 ・それはどうしてなのだろう。	・嬉しい ・やっと終わった ・充実した気持ち ・堂々としている ・りっぱにかせいだから ・お返しができたから	5. 「味見にかけては世界一」「堂々と」「分け前」「りっぱにかせいだ」という言葉を手掛かりに、アナトールが「仕事」を通して、ねずみとしての誇りや自信を得ていることに気づかせる。
6. 本時の学習のまとめをする。		6. 板書を参考に、自分の言葉で学習課題への答えをまとめさせる。 ・アナトールの気持ちを思い浮かべながら代表一名に音読させる。

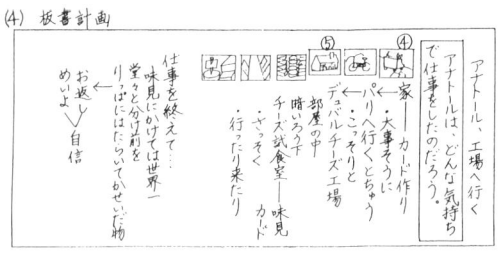

(4) 板書計画

　アナトール、工場へ行く

　アナトールは、どんな気持ちで仕事をしたのだろう。

④ 家 ― カード作り
　・大事そうに
　・こっそりと
　パリへ行くとちゅう
⑤ デパ地下チーズ工場
　・暗い部屋
　チーズ試食室 ― 味見
　・さっそく ― カード
　・行ったり来たり

仕事を終えて
　・味見にかけては世界一
　・堂々と分け前
　・りっぱにかせいだ ← お返し
　りっぱにはたらいてかせいだ物 → 自信

3．指導案を支える教材研究

(1) 教材解釈の三つのレベル

　以上で指導案の一般的な書き方はのみこめたことと思う。しかし，繰り返しいうことになるが，指導案はお役所の事務文書ではない。型通りにできあがっていればそれでよいというものではない。生きた授業の展開を支え，子どもたちの学習をつくりあげるものにならなければならない。その意味での指導案を生み出す力は教材研究にある。教材研究がしっかり，的確にできていなかったら，生きた授業をつくり出す指導案を生み出すこともできない。

　教材研究と呼ばれる仕事には基本的に教材解釈と教材開発（教材づくり）とがある。前者はすでに教材の形になっているものを教師が授業を前提として自分の解釈をつくることである。後者は生の素材を授業に使えるように教材につくっていくことである。どちらも大切な仕事であるが，実際の教師の仕事においては，前者，教材解釈の仕事の比重のほうがはるかに高くなる。学校教育の場では教材集である教科書を使うことになっているし，実際，教科書は便利で役に立つものである。いきおい，教材研究においては教科書の教材を解釈する課題が圧倒的に多いことになる。また本書では教材開発については第5章で取り扱うことになっているのでここでは教材解釈の課題について述べておくことにしよう。

　授業における教師の教材に対する解釈を大切に考えるのは日本の学校教育の一つの伝統でもあるが，戦後の授業論でこのことを強調したのが斎藤喜博であった。斎藤は「授業はだいたいにおいて，教師のその教材に対する解釈によってきまってしまうものである」（『心の窓を開いて』1960）と言って，この仕事の重要性を説き続けたが，さらに教材解釈の具体的な作業を次の3種類に分類して説明している。

　①**一般教養としての一般的解釈**　誰にでも同じようにできることで，文章の内

容を正確に理解したり，算数や数学の問題が正しく解けるということである。

②教師という専門家のする専門的な解釈　教師の教材に対する全人間的な解釈を，現実の子どもを対象にして，具体的にそのなかの何を，どういう方法で授業の上に実現していくかを考えることである。

③芸術や科学の研究成果から学んでする解釈　専門的な分野で現在到達している研究成果から学んで，その観点で教材に新しい視点を当ててみることである。

そして，この3種類の教材解釈は相互にからまりあって創造的な授業を生み出すのだと言っている（斎藤喜博『授業』1963）。この3種類は教材解釈のレベルの違いとして押さえておく必要があるだろう。

このように授業に至る指導案を生み出す基本的な力となるのは，その教師の教材研究，なかんずく教材解釈であるということを銘記しておいてほしい。

(2)　ポイントは「核」の発見

指導案の内で「指導過程」（展開の計画）には基本的に教師が児童・生徒へどのように働きかけるかが書かれる。普通それは発問，説明，指示という形をとる。国語の読解などでは発問が主となり，理科や社会では説明が，体育，音楽，図工などでは指示が主となるということがあるだろう。

これは教材解釈の成果を現実の子どもに結びつける仕事で，授業の事前準備の最も大切なところである。

教育実習生や初任の教師は最初の内は，例えば国語の文学教材の読解の授業では，あら筋をつかんでその箇所，その箇所で「なぜ」「どうして」ということばを付けるだけで発問にしてしまうものである。「なぜ」「どうして」ときいていけば一応筋の展開が追えて，授業も進むと思うからである。それで「なぜ」「どうして」の羅列になり，結果としては子どもたちを飽き飽きさせてしまうことになる。他の教科でも似たようなことになるのである。

これは初心としていたしかたないことなのであるが，この状態は授業が構成されていないということであり，実は教材解釈がまだ通り一遍だということなのである。

ここから脱するためには授業展開の「核」をつくることである。わかりやすく言えば，大事なことを一つだけやるのだという決意をもつことである。実はこれが難しい。この時限で一つだけということになったら時間が余ってしまうのではないか，そうしたら立ち往生だ，という恐怖心にさいなまれて材料や発問をたくさん用意してしまうものなのである。時間が足りなくなる方はなんとか言い訳がききそうだし，十分準備したと思ってもらえるのではないかという甘えにも誘われる。しかし，この心理状態が続く限り，授業創造の進歩はありえないし，なにより子どもがかわいそうである。

　この時限で大切なことは一つと決意して教材を見直してみる。そうするとその教材のポイント，「核」が見えてくるものである。そこが直ちに展開の「核」になるかどうかは次の問題として，それを発見すれば他の箇所との関連が見えてきて，全体のつながりがついてくることになる。授業が構成できる可能性が生じるのである。

　「核」は焦点が絞られていればいるほど授業の展開の起爆力になるのである。例えば助詞の「は」と「も」の違い一つで授業を展開し，その教材の本質を子どもたちに伝えることもできるのである。しかし，このような「核」の発見はなかなか難しい。そこへいくには経験が必要であるが，ポイントは「一つ」と決意することは経験からではない。子どもの飽き飽きした顔を見たくなかったら決断である。

(3)　教材への書き込みとイメージづくり

　書式にしたがった指導案を書き始める前に，教材への書き込みとイメージにおける授業づくりに取り組むことが必要である。

　教材文についてことばや事項を調べたら，それを書き込む。そして大事だと考える箇所を丸で囲ったり，他との関係を矢印でつけたり，線を引いたりする。さらに子どもへの発問も書き込んでみる。色鉛筆を使ったりして，自分なりの工夫をして，できる限り平面である文章や数字による教材を立体的，構造的に把握するのである。「核」の発見もこのようにすれば，容易とはいえないが可

能性は高くなる。大事だと思う箇所に印をつけてみたら，べた印がついてしまえばこれでは駄目だということが見えやすいだろう。

　まずこういう作業を繰り返しやってみることである。教科書や原書に書き込むのがためらわれるなら，複写したものにすればよい。

　私自身はそんなに長くない詩を教材にして授業することが多い。この場合必ず教材のプリントに直接書き込みをしている。私の場合は他人に見せたり，提出するものとしての指導案を書く必要がないのでそのままそれをもって授業することになる。仮に指導案を書かなければならなくなったとしても，やはりこの書き込みを先行させるだろう。

　次のものは私自身がそういう機会につくった書き込みの一つである。

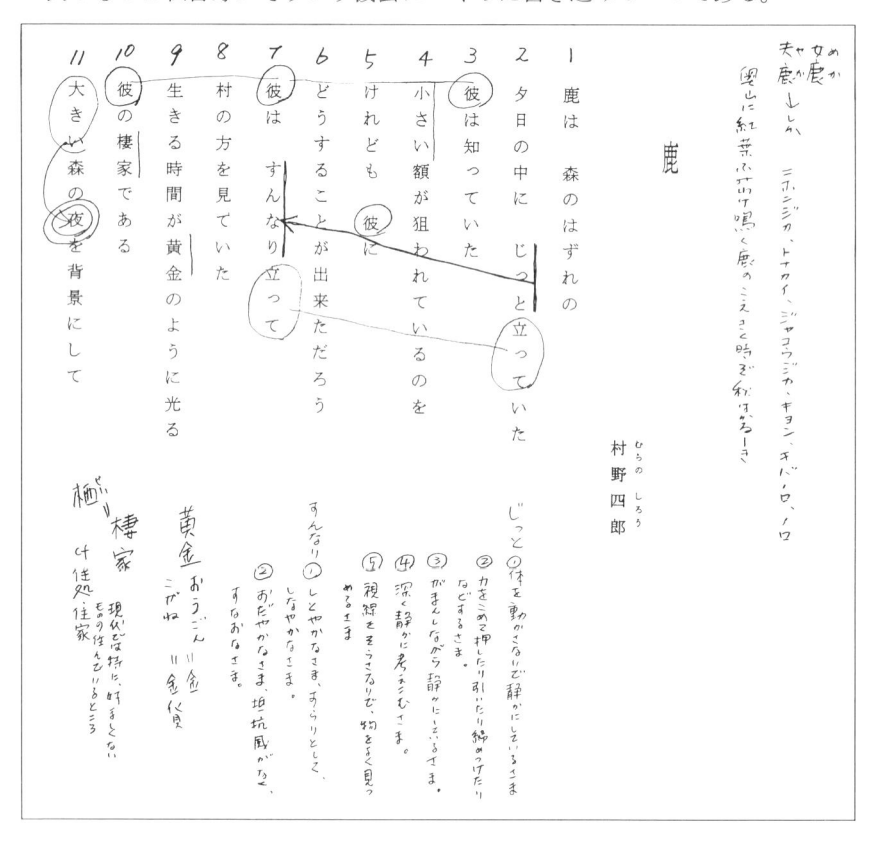

鹿

村野四郎

1　鹿は　森のはずれの
2　夕日の中に　じっと立っていた
3　彼は知っていた
4　小さい額が狙われているのを
5　けれども　彼に
6　どうすることが出来ただろう
7　彼は　すんなり立って
8　村の方を見ていた
9　生きる時間が黄金のように光る
10　彼の棲家である
11　大きい森の夜を背景にして

めが鹿
牝鹿
夫鹿

ニホンジカ、トナカイ、ジャコウジカ、キョン、オバノロ、ノロ

奥山に紅葉ふみわけ鳴く鹿のこゑきく時ぞ秋はかなしき

① じっと体を動かさないで静かにしているさま
② 力をこめて押したり引いたり締めつけたりなどするさま
③ がまんしながら静かに忍るさま
④ 深静かに考えこむさま
⑤ 視線をうごかさないで、物をよく見つめるさま

すんなり　しとやかなさま、すらりとしなやかなさま
② あだやかなさま、埋抗感がなく、すなおなさま

黄金　おうごん＝金
こがね＝金貨

棲家　現代では持たれずとなり、ものの住まいのこと
＝住処、住家、住居等、住いているところ

次は授業のイメージづくりであるが，これはある程度授業経験を積まないと難しい。なぜなら具体的な子どもたちの顔を思い浮かべながら自分の頭の中で仮想授業をやってみることだから，子どもの顔が思い浮かばないのでは無理だからである。教育実習であっても配属になった学級での授業ならば，自分の授業以前に授業観察をやっていれば少しは可能性があるかもしれない。

　仮想授業と言ってもその時限全体を展開してみるわけではない。私の場合は導入にあたる部分，つまり入り口と核にあたるところを自分なりにイメージしてみるのである。

　こういうふうに発問したら子どもがこう答えた，それならこう尋ねてみよう，きっとこんなふうな答えが返ってくるかもしれない，いや，別の子どもがこんなことを言うかもしれない，それなら授業はおもしろくなる，という程度である。将棋では（もちろん素人将棋の話だが）3手先が読めれば十分だとされている。こう指したら（相手は）こうくるだろう，それなら（自分は）こう指す，この読みがぴったり当たり，どんどん指していけばきっと勝つと言うわけである。仮想授業もそのくらいで十分なのである。

　大事なことはこのイメージづくりによって，前述した書き込みが修正され，さらに的確なものになることである。おそらくこの作業を経てから文書としての指導案に取り組む方がはるかに楽に書けて，よいものができるに違いない。同じことは仲間や友人の協力をもらっての模擬授業でもよいのであるが，子どもを思い浮かべるというところと大人が相手してくれるというところで微妙に違うような気がする。模擬授業を否定するものではないが，イメージづくりにはぜひ取り組むべきだと思っている。

（横須賀薫）

〈参考文献〉
(1) 斎藤喜博『授業と教材解釈』(1975，一莖書房)
(2) 林　竹二『授業の成立』(1977，一莖書房)
(3) 武田常夫『イメージを育てる文学の授業』(1992，国土社)
(4) 横須賀薫『授業の深さをつくるもの』(1994，教育出版)

*4*章　問いの創造と授業の展開

1．「学ぶ」ということの意味

(1)　指計算と指しゃぶり

　授業は「教師が教えたことを，子どもが学ぶ」営みである，と考えられている。もちろんそのことにまちがいはない。しかし，ここでいう「学ぶ」とはどういうことであろうか。また「学ぶ」と「教える」の関係はどういう形で成立するのだろうか。こうあらためて問い直してみると，私たちはすぐに，問題はそう単純なものではないことに気づくだろう。

　1年生の算数の授業で次のようなことがあった。「12このどんぐりに4このどんぐりを加える」計算で「10をひとまとまりにすると数えやすい」ことを学んだはずの子どもたちが，実際にものを数える場面になると，また「1つずつ」指を使って数えるやり方に戻ってしまう，というのである。[1]子どもたちはいろいろな数え方を出し合って議論をし，その結果「2つずつ」数えたり「5こずつ」数えたりするやり方もあるが「10までをひとまとめにして，残りを2＋4として計算する方法」がいちばん便利だということを納得したように見えた。ところが数日後にやった「14＋3」の計算問題のときには，「10をひとまとめにする方法」の便利さを強く主張した当のその子も含めて，たくさんの子が指を使ったりマルや線を書いたりして自分の気に入った方法で答えを計算していたのだという。

　この話にはさらに後日談がある。「子どもがほんとうにわかったり，納得するのはどんなときなのだろうか」と考えていた先生が，あるときふと，上に述

べた算数でのできごとと「指しゃぶり」が似ていることに気がついた，というのである。

　それはこういうことだった。学級のなかで数人の子どもが鉛筆をかんだり袖口を吸ったりするのが気になっていた先生が，母親との懇談会のときそのことを話題にした。すると，そういう子たちはみな幼児期に「指しゃぶり」を無理に禁止されていた子どもであることが母親たちの話からわかったのである。幼児期に不自然なかたちでやめさせられたことで，1年生になった今もなお指しゃぶりや鉛筆かじり，袖口吸いなどの行為が出る。それと同じことが算数でもいえるのではないか。

　教師が「指を使って数えてはだめ」「一つ一つ数えてはだめ」と強要すれば，確かに子どもたちは先生の見ている前ではそれをしなくなるかもしれない。しかしそういう子たちも，きっと先生がいない場所や見えないところでは，ひそかに指を使って計算したり数えたりするにちがいないのである。不自然なかたちで無理にやめさせても，それはほんとうに子どもの意志や欲求に根ざしたものではないから，後々まで尾を引くことになる。子どもは自分がほんとうに納得しないかぎり変わらないのだ。

　こう考えて先生は子どもを待つことにした。その時期がきて，自分で納得して次の方法に移っていけるようになるまでもうしばらく指計算を認めてやることにしよう，と考えるようになったというのである。

　これらのエピソードは，最初に述べたように，「学ぶ」と「教える」の関係がそう単純なものではないことを物語っている。教師が「教えた」つもりになっていることが，子どもにとっては必ずしも「学んだ」ことになるわけではない。と同時に，子どもがあることがらをほんとうに理解し納得するには，試行錯誤を含むさまざまな経験の積み重ねと，一定の時間が必要であることを私たちに教えてくれる。「得心する」「腑に落ちる」という言葉があるが，そういう深い，体の芯から納得できるような「わかり方」を求めようとすれば，ある意味では一人一人の生育史までさかのぼった問題さえもがからんでくる，ともいえるのである。

(2) 「時熟」ということ

　河合隼雄氏は登校拒否児の立ち直りの道すじについて触れたある文章のなかで，「時熟」ということばを使っている。登校拒否の15歳の少女が，治療者と人間関係を結ぶなかで徐々に回復しつつあったとき，たまたま一匹の犬と出会って完全に立ち直ることができた，ということがあった。治療者は登校拒否の原因を短絡的に詮索したりせず，少女の趣味などを通して少しずつ二人の世界を共有する努力をつづけてきたのだった。「そうした地道な努力に裏づけられ，時が熟したときに，一匹の犬が現れ」，それを契機に少女は一気に立ち直っていく。こんな話を紹介したあと，河合氏はさらに次のように書いている。
　「動物にしろ，『とき』にしろ，やってくるのであって，人間が与えたり，しつらえたりできるものではない。あくまで子どもの主体的な動きによって，動物とのかかわりが生じてくること，それを意味あるものにするのに必要な，子どもとの人間関係をもつ人が存在していること，などが大切な条件であることを忘れてはならない」（傍点は原文のまま）。
　ここで河合氏が述べていることのなかには，二つの重要なことが含まれている。その一つは，子どもとあるものやことがらとの間にほんとうの「かかわり」を生み出すものは，「子どもの主体的な動き」であるということであり，もう一つは，その「かかわり」を意味あらしめるものとするための人間関係（この場合は治療者）の存在である。第一の条件としての子どもの主体的な活動と，第二の条件としての治療者の存在。この二つの条件が満たされたときに「時熟」がおこる。「時熟」とはことばをかえていえば心の深い部分における納得であり，魂の変革であり，飛躍である。
　ところで，河合氏がここで述べていることは，授業で子どもがあることやものを「学ぶ」ということにもそのまま当てはまるのではないか，と私は考える。「学ぶ」ということを，外側から与えられた知識や技術を衣装をまとうように身につけることと考えれば話は別である。だがそうでなく，学ぶもの（子ども）がそれらをほんとうに納得し，主体的に取り込み，そしてそのことによっ

て自分を変えていくことであるとするならば、やはりそこでも河合氏が挙げるような二つの条件が不可欠のものになると思うのである。

(3) 教師の仕事

「学ぶ」という行為をそのように考えるならば、学習において大切なことはなによりもまず、それが学習者である子どもの自発的・意志的な活動でなくてはならないということであるだろう。授業の目的は、そうした子どもの主体的な「学び」を豊かに引き出し励まして、それらを実りのある方向へと導いていくことにある。この役割は、教師によって担われる。したがって、教師の「教える」（教授）という行為は、本質的に子どもの学習の援助のためにある、ということになる。「学ぶ」に寄与しない「教える」は、だから、ほんらい無意味なのである。「教える」は「学ぶ」の成立を前提としてはじめてみずからも成立する。「学ぶ」と「教える」という二つの行為を結ぶこのような関係を、私たちはまずしっかりと認識しておかなくてはならない。

こういう言い方はしかし、授業において「学び」は重要だが「教える」はそれほど重要はないとか、「学び」にとって「教える」は添えもの程度以上のものではないといったことを意味するものではない。事実はむしろその逆である。なぜなら、子どもの「学び」は原則として、教師の「教える」に媒介されてはじめて成立しうるものだからである。「学び」の質が高くなればなるほど、それを導きあるいは方向づけるものとしての「教える」の役割は大きく、重要なものとなる。

ところが現実には、子どもの自主性を尊重するという名目で、教師が果たすべき役割や仕事までを子どもに委ねてしまうような授業がよく見受けられる。例えば子どもに学習の目標や計画を立てさせて、調べさせたり討論させるだけで教師はなにもしない授業などもその一つである。またそこまで極端でない場合でも、必要な方向づけや基礎的な知識を与えないまま、むやみに練習をくり返させたり考えさせたりする授業もしばしば見られる。こういう放任主義的な授業においては、子どもは一見活発に「学んで」いるようでもそれはうわべだ

けのことであり,「学び」の質もきわめて低いレベルで無内容なものになっていることが多い。

　子どもの「学び」が深く豊かなものになるためには，教師の的確な「教える」の介在が不可欠である。なぜなら，的確な教授活動を介してこそ子どもの学習は真の意味で主体的にもなり創造的にもなるからである。「学ぶ」を喚起しない「教える」が無意味だとすれば，「教える」を媒介にしない「学ぶ」は空疎である。その意味では「教える」も「学ぶ」も単独では存在しえないのであって，両者は互いに他を前提にして成立する。授業はこうした「教える」と「学ぶ」との緊張をはらんだ関係のもとでのみ成立する，と考えなければならない。

2．問いの発見から課題の成立へ

(1)　課題——教材と子どもを結ぶもの

　授業は子どもの主体的な活動としての「学び」が成立するときに成立するということ，そのためには教師の「教える」の介在が不可欠であることを述べてきた。授業にそうした意味での「学び」が成立するとき，子どもたちは対象に向かって思考や感覚を存分に働かせ，生き生きと活動する。そうなるためにはしかし，どのような条件が必要になるのだろうか。

　教員養成大学の学長を務めるかたわら全国各地の学校で授業行脚を重ねた林竹二氏は，みずからの経験に立つ提言の中で「授業とは，子どもたちが自分たちだけでは，決して到達できない高みにまで，自分の手や足を使ってよじのぼっていくのを助ける仕事である」と述べている。そして林氏は，授業をこのように子どもの意志的・主体的な活動としてとらえた上でさらに，「教師の教えたいことが，子どもの継続的な追求の対象に転化したときに，それ（授業——引用者）は成立する」とも述べている。[3]

　教師の「教えたいこと」——「教えるべきこと」ではない——が子どもに

とっての持続的な「追求の対象」となったとき授業が成立する。そのとき子どもたちは，自分の意志で対象に立ち向かい，みずからの手足を使ってけわしい「高み」へと挑戦しはじめるのである。ここでいわれる「追求の対象」とは，ことばをかえていえば，子どもにとっての切実な「問い」のことであり，授業における生きた「課題」のことである。そうした問いや課題をたえず子どもの前に提示するという仕事こそが，学習の援助者である教師の基本の仕事になるということを，林氏はいいたいのであろう。

　子どもを生き生きと動かし未知の高みへといざなう問いや課題は，授業者としての教師の豊かな教材解釈と深い子ども把握から生み出される。教師は教材の解釈・研究を通して，その教材を読み解く核になる部分や本質に迫る拠点をつかみ出し，それをもとにして問いを創造する。その問いが子どもにくい込み作用して，多様でみずみずしい思考や感性を引き出したとき，そこに授業の課題が成立するのである。

　もちろん，教材から核や拠点をつかみ出し，子どもを動かす的確な問いを創造するということは，そう簡単にできることではない。それはむしろ，すぐれた授業者であろうとする教師が無限に追い続ける憧れの対象であるといってもよいほどのものだろう。ここでは問題をいくらか具体的に考えるための参考資料として，私の身近にいる仲間の仕事から２，３のささやかな事例をあげておくことにしたい。

(2) 問いの発見

　ある教師が次ページの詩を４年生で授業をした。記述を簡単にするためにＴさんとしておこう。[5]

　Ｔさんはこの詩を何度も読み，頭のなかで敷居の前の下駄を作者が見たように具体的に思い描いていくうちに，ふとあることに気がついた。それは，自分の頭のなかには４足の下駄が見えているのだが，３足だと思う子どもが必ずいるに違いないということである。このとき「下駄は全部で何足？」という問いが閃くように浮かび上がってきた。そして，この問いできっと子どもは動くに

> 　　　　　　下　　駄
> 　　　　　　　　　　　　　高村光太郎
> 地面と敷居と塩せんべいの箱とだけが見える。
> せまい往来でとまった電車の窓からみると
> 何というみすぼらしいせんべ屋だが，
> その敷居の前に脱ぎすてた下駄が三足。
> その中に赤い鼻緒の
> 買い立ての小さな豆下駄が一足
> きちんと大事そうに揃えてある。
> それへ冬の朝日が暖かそうにあたっている。

ちがいない，と直感したというのである。

　多くの場合，問いの発見はこのように直感的な閃きの形でやってくる。しかし後の検討でも確認するように，それが有効な問いであり，子どもの思考や感覚に鋭く作用する力をもつものであるときには，そこに必ず教材の核や拠点につながるものが含まれている。この場合でいえば，「その中に」ということばの意味をこの文脈でどうとるかということが重要になる。このことについては後でもう一度触れることにする。

　さて，「下駄は全部で何足？」というこの問いのもつ意味は，なおそれだけにとどまらない。下駄の足数を考える過程で必然的に「脱ぎすてた下駄」と「きちんと大事そうに揃えてある」下駄との対比が行われ，その作業を通して，作者が見た情景が子どもたちの中に鮮明にイメージ化されていく。そしてそれは，やがて下駄そのもののイメージから，それを越えて「きちんと大事そうに揃えた」小さな女の子の様子や，その回りに「脱ぎすてた」腕白そうな兄たち，さらに「みすぼらしい汚らしい」煎餅屋に住む家族の温かさのようなものにまでつながっていくだろう。そうなったとき，それらは下駄にあたった暖かそうな「冬の朝日」のイメージとあいまって，作者の心を満たしているほのぼのとした温もりへの共感へと子どもたちを誘ってくれるにちがいない。こう考えた

とき，Tさんの胸には，「下駄は全部で何足？」という問いが子どもたちの課題になるという確信のようなものが湧いてきたのだった。

　実際の授業では，まず「下駄は敷居の前にどんなふうに置いてあるか」を子どもたちにそれぞれ絵に描かせ，そのあと「3足」か「4足」かを挙手で確かめている。「3足」派は21人，「4足」派は9人であった。議論に入ってまもなく「4足」派は「3足」派に押されて0になる。ここから再び「4足」派が正しいという結論に逆転するまでのプロセスが，この授業の山場であり，子どもたちが思考や感覚をフル動員してぶつかり合うドラマティックな展開の過程になっていく。課題はみごとに成立したのである。

　ところで，さきにも触れたが，この教材で「下駄は全部で何足か？」という問いが課題になるのは，実は教材そのものに根拠があるからである。

　　　その敷居の前に脱ぎすてた下駄が三足。
　　　その中に赤い鼻緒の
　　　買い立ての小さな豆下駄が一足

という部分だけを抜き出して読めば，下駄は3足とも4足とも読みとれる。なぜなら「その中に」という日本語は次のように二通りに使われるからである。

　①　教室に子どもが10人います。その中に女の子がひとり。
　②　教室に男の子が10人います。その中に女の子がひとり。

①の場合は子どもは全部で10人いることになり，②の場合なら11人いることになる。上の3行だけではこのうちのどちらにでもとれるというところに，子どもたちの考えが分かれる必然がある。これが②の意味であることを確定するためには，その次の「きちんと大事そうに揃えてある」のところまでをつなげて読まなくてはならないわけである。

　このように見てくると，子どもたちの意見が対立するのは教材そのもののなかにそうなる根拠が客観的にあるからだ，ということがわかるだろう。もちろん，対立や混乱をつくり出すだけでは課題にならない。一時的な混乱や誤謬を経ることはあっても，最後には具体的な根拠に基づいて正しい認識に到達しうる道が確保されているからこそ，それは課題になりうるのである。ついでにも

う一つ，子どもとの関係でいえば，この問いは低学年では難しく，中学生や高校生には反対にやさしすぎるかもしれない。そのどちらの場合も課題にはなりにくいのであって，それが授業の対象となる子どもたちにふさわしい問いであるかどうかを判定するのは，教師が子どもを把握する力量による。課題を生み出す問いとはそういうものであり，またそういうところに問いを発見・創造する教師の仕事の困難さというものもあるのである。

(3) 課題はどのようにしてつくられるか

子どもたちにあることを考えさせたり，ある力をつけさせたりするために，教師は教材を研究しその核や拠点をつかみ出す。そうした核や拠点にはさまざまなレベルのものがあり，それは教材を正確に理解する上で必要なものであったり，その教材の本質に鋭く切り込む武器となるものであったりする。いずれにせよ，それはすでに述べたように教師の教材研究と具体的で鋭い子ども把握から生み出されるものである。

6年の国語教材の「生きている土」という説明文の中に，次のような一節がある。

> 常識では，土は，岩石が川の流れによってけずられたり，水や空気や日光の作用によってくずされたりしてできた鉱物だと思われています。しかし，実際の土を調べてみると，土は単なる鉱物ではなくて，その中には，動植物の遺がいが変化してできた物質がふくまれ，数多くの生物がすんでいることがわかります。

この教材を取り上げる時期にさしかかった2学期になっても，Oさんが担任したクラスの子どもたちは学力が低く，文章を論理的に読みとる力もほとんどついていないという状態であった。この子どもたちになんとかして文章を，叙述の根拠に基づいて読みとる力をつけてほしいと願うOさんが，ここでつくり出した問いを次に紹介してみよう。[6]

Oさんが子どもたちに提示した問いは「土は鉱物ですか，鉱物ではありませ

んか」というものであった。これは文章の「土は単なる鉱物ではなくて」をどう読むかという問題でもある。この問いかけに対して子どもたちから返ってきた答えは，「鉱物である（8名）」「鉱物でない（22名）」というものだった。二つの対立する考えをめぐって，このあと，授業では次のような子どもたちの活発な議論がかわされることになる。

教　師：理由を言ってください。
子ども：鉱物ではない。「鉱物ではなくて」と書いてあるから。
子ども：鉱物ではない。「数多くの生物がすんでいる」と書いてあるから。
子ども：鉱物ではない。「実際の土を調べてみると」と書いてあるから。調べて「単なる鉱物でない」と判断しているから。
子ども：鉱物ではない。「鉱物だと思われています」と書いてあるから，思われているだけだから。
教　師：「思われています」って，誰に思われているの。
子ども：学者。
子ども：いろいろな人。
教　師：いろいろな人に「普通は鉱物だと思われている」という証拠が2段落にあるんだよ。先生が読むからようく聞いているんだよ。（「常識では……わかります」までを読む）
子ども：常識では。
教　師：みんな，当たり前のことを「そんなの常識」ってよく言うでしょう。いろいろな人が，普通は土は鉱物だと思っているんだよね。さあ，他に理由はありませんか。
子ども：「単なる」ということばが書いてあるから鉱物だと思う。
子ども：「単なる」というのは「ふつうの」という意味だから，普通の鉱物ではないだけで，鉱物である。
教　師：こういうことばをこそ意味調べをしてほしいね。
子ども：（教室にある辞書を調べて）「ただの」
子ども：ただの鉱物でないだけで，鉱物である。

教　師：では，もう一度どちらかに手をあげてもらいます。鉱物である（7名）。鉱物でない（23名）。みんな自分の耳でちゃんと聞いていたかな。大はずれです。答えは「土は鉱物である」です。

（以下，略）

　この子どもたちの学力が6年生にしては必ずしも高いものでないことは，記録の終わりの部分でさえなお「鉱物でない」という意見が圧倒的に多いことからも知られる。この程度の単純な文章でさえ多くの子がつまずき，したがってそれは少なくともこのクラスにとっては必要かつ十分な課題なる，というOさんの子ども把握からこの問いは生まれている。学力の高いクラスなら，同じことでも課題にならないかもしれないのである。

　この場合は問いが教材と子どもを結ぶ教師の事前の研究においてつくり出されたケースである。一般的にいえば，課題はそのようなかたちで，教師によってあらかじめ準備された問いによってつくり出されることが多い。

　しかし，授業における課題は必ずしもそういうものばかりではない。次に紹介する事例のように，教師があらかじめ準備した問いから，というよりは実際の授業の過程で，子どもの発言や思考のなかから課題が生まれ，あるいはつくり出されるという場合もしばしばあるのである。

　4年の算数で「式と計算」という単元がある。あるクラスの授業で「50円ののりを2つ買って，500円玉を出しました。おつりはいくらですか」という問題を出して式を考えさせたところ，子どもたちからはこんな答えが返ってきた。

　　ア　$500-(50+50)=400$
　　イ　$500-(50\times 2)=400$
　　ウ　$500-50\times 2=400$
　　エ　$500-50-50=400$

　このうち子どもたちの間でまず問題になったのは，イとウは似ているがどちらが正しいのかということであった。（　）があったほうがよいのか，なくてもよいのか。この問題をめぐって子どもたちの意見は対立する。この対立のなかには，引き算とかけ算はどちらが先なのか，（　）と四則計算はどのような

関係にあるのかという本質的な問題が含まれているわけである。

　この授業では，教師が出した問いに対する子どもたちの考えの対立が，彼らにとっての抜きさしならない問題になると同時に，四則計算のルールということがらの本質に鋭くかみ合うという形で課題が成立している。対立する考えを引き出したり生かしたりするのは教師であるが，課題そのものは授業のなかで，子どもたちの思考のくい違いや対立から生まれている。このように，提示された問いそれ自体はなんの変哲もないごく平凡なものだが，それによって触発された子どもたちの思考から生きた課題がつくり出されるということも，授業ではしばしば起こることなのである。

3．授業の構成と学習形態

(1)　授業を構成する力

　授業は教師の問いと，それを契機にして生みだされるいくつかの課題をめぐって展開する。しかしそれはいうまでもなく問いや課題の平板な羅列によって，ということではない。問いや課題には軽重があり，それらはたがいに関連しながら，教材の正確で深い把握に向けて子どもたちの思考や感性を活性化させていく。それらは一つひとつが固有の意味を持ちながらも，ある全体的な構造の有機的な部分となるように構成されていなくてはならない。

　課題を生みだす問いの析出と，それらの構造化という，この二つの作業を支えるのは教師の構成力である。こうした教師の構成力は二重の意味において必要である。一つは事前の展開プランの作成に際してであり，もう一つは展開プランを具体化する授業の過程そのものにおいてである。

　事前の展開プランは授業案と呼ばれる。ここでは教材の内容や構造の把握をもとに必要なポイントが取り出され，授業の構想が練り上げられる。この構想を，子どもの活動に即して具体化していく活動が授業である。ここでは子どもの思考を引きだす発問や説明の技術，展開に必然性とリズム的な流れをつくり

だす構成の方法，子どもの主体的・協同的な活動を課題の追求につなげていく学習形態の工夫など，教師の実践的な能力が問われることになる。

以下，紙数の関係もあるので，ここでは学習形態についてのみ簡単に触れておくことにしたい。

(2) 学習形態の工夫

すでに述べたように，授業ではその時々に的確な課題をつくり出す教師の力量が不可欠である。しかし他方で，課題を追求するのはあくまでも子どもたちであって教師ではない。この事実を私たちはもう一度確認しておかなくてはならないだろう。授業において学習形態の工夫の必然性が論じられるのもそのためである。

授業で子どもが学習の主体となるためには，何よりもまず，彼らが自主的・自律的な学習者でなくてはならない。このことと関わって，しばしば一斉授業という学習形態が批判の対象とされてきた。

一斉授業とは，一人の教師が，多人数の子どもに，同時に同じ内容を学習させる方式の授業をいう。わが国の学校で最も一般的にみられるこの授業方式は，教師主導型であるがゆえに子どもを受け身にし，画一化に陥りやすい方式として批判されることが多かった。近年の「個性尊重」の提唱は，能力差・個性差に対応できず"落ちこぼれ"を生み出すものとして，こうした一斉授業批判にさらに拍車をかけている。一斉授業から個別学習，グループ学習へという論調は今や時代の主流になっているかにみえる。

この批判は一面では確かに当たっている。歴史的にみても，一斉授業の方式は多人数への効率的な知識の注入を目的として開発，採用されたものだからである。それが，えてして，教師中心の画一的な授業になりがちだという事実も否定できない。だが，そのことを認めることが直ちに一斉授業の否定につながると考えるならば，それはあまりに短絡的にすぎるだろう。なぜなら，実際には，純粋に一斉授業の形式だけで行われる授業はそれほど多いとは思えないからである。一斉授業を軸にしつつも，時と場合に応じて個別学習やグループ学

習を併用することのほうが，現実にははるかに多い。一斉授業がつねに一斉画一授業になるわけではないのである。さらにいえば，集団的・協同的な学習においては，一斉授業の役割はむしろきわめて重要である。

　一斉授業を個別的な学習やグループ学習と組み合わせてその欠点を補い，特徴を生かす工夫は，これまでにもさまざまなかたちでなされてきた。その一例として，ここでは斎藤喜博の学習形態論を紹介しておきたい。

　斎藤は，その著書の中で概略次のような学習形態を提唱している。[8]

　①個人学習……それぞれの個人が自分一人で学習し，一般的な基礎的なものを自分のものとする。

　②組織学習……自分一人の学習を，学級の仲間や教師と交流しながら拡大したり，深化したり，変更したりしていく。中心は一人にあるが，部分的であっても他の人間と交流しながら自分の学習を深めていく。

　③一斉学習……学級全体で共通の学習課題を追求していく場面。教師の発問や問い返しによって授業が展開され，もっとも質の高い学習が行われる。

　④整理学習……授業の全過程で追求し獲得したものを整理し，確実に学級全体や一人ひとりのものとして定着させる作業。

　この学習形態論は二つの重要な特徴を持っている。その一つは，斎藤がこうした形態を状況に応じて柔軟に適用すべきものと考えており，けっして固定的な段階論とは考えていないという点である。「(これらの形式は）いつでもそのとおりの順序でやっていくものではない。教科によってもちがうし，また教材によってもちがうものである。ある教材の場合は，一斉学習だけですます場合もあるし，組織学習だけですます場合もある。またこういう形式を追わないで，教師の一斉授業だけですませてしまう場合もある」[9]と斎藤は述べている。

　特徴のもう一つは，上記の四つの段階のうちで，組織学習がとりわけ重要とされていることである。組織学習において，一人ひとりが教材と対面し，自分の問題を持ち，自分の疑問や意見を明確に持つことによって，子どもたちは次の一斉学習への材料を準備し，問題追求の意欲を育んでいく。それとともに，この過程を通して子どもたちは，自ら学び追求する能力を身に付けていくので

ある。「子どもたちは,そういう学習の訓練を受けることにより,論理が強靱になり,追求力とか創造力とかも強いものになってくる」と斎藤は言う。

いずれにしても,学習形態の問題を一般的な形式として内容から切り離して論ずるのは正しくない。斎藤も言うように,それは「一人ひとりの教師が,そのときどきの教科なり教材なり,そのときどきの教師のねがいなり,そのときどきの学級とか子どもとかの現実とかによって,そのときどきに決定したり新しくつくり出したりしていかなければならないもの」と考えなければならないからである。

(箱石泰和)

〈参考文献〉 ＊本文中の（注）は,注番号と対応した以下の文献を参照のこと。
(1) 下原真理子「また！ 子ども発見」(『事実と創造』166,一莖書房)
(2) 河合隼雄『子どもの宇宙』(岩波新書)
(3) 林竹二『授業の成立』(一莖書房,筑摩書房刊『林竹二著作集』7巻に再録)
(4) 「島小の授業」(『斎藤喜博全集』別巻1,国土社),武田常夫『真の授業者をめざして』(国土社),同『イメージを育てる文学の授業』(国土社) などを参照。
(5) 高木理「詩『下駄』の授業」(『事実と創造』146)
(6) 大嶋奈津子「授業で子どもを"たがやす"」(『事実と創造』156)
(7) 多摩第二土曜の会発行「持続」257号
(8) 斎藤喜博『授業の展開』(全集6巻,国土社) などを参照。
(9)(11) 斎藤喜博『教育学のすすめ』(全集6巻,国土社)
(10) 斎藤喜博『写真集・斎藤喜博の仕事』(国土社)

5章　教材づくり・教材発掘の視点

1.《ある教材》と《つくる教材》

(1) 二つの教材の違い

　授業で扱われる教材は，便宜上，《ある教材》と《つくる教材》に分けられる。《ある教材》とは，教科書や副読本等に教材として用いるように指定されているものをいう。この場合，教師はその教材について辞書等で調べ，解釈を深めていく。

　例えば，国語の授業で「ごんぎつね」を扱うのであれば，教師は何回もその教材を読み深め，ごんや兵十の気持ちを文章に即して吟味していく。そして，教材の世界に子どもを導くための発問を考え，授業の構成を固めていく。

　ところで，社会科の場合はどうか。教科書の記述は，子どもが熟読してその文章の中に問題を見つけて追求する，という性格をもたされていない。もちろん，教師はその記述を理解するために，自身の認識を深めなければならないし，また，その記述が適切であるか否か吟味する必要もある。

　しかし，教材研究の中心はそれとは別のところに置かれる。つまり，教科書に書かれた事項を教える上で適切な素材をさがし出し，それらを生かして一つの教材に構成していくのである。教材がそのような道のりを経てつくられていくとき，その教材を《つくる教材》と呼ぶ。[1]

(2) 「普通選挙法の成立」で見る《ある教材》と《つくる教材》の違い

　《ある教材》と《つくる教材》とでは，授業の構造はどのように異なるか。

それを「普通選挙法の成立」を題材とした授業で比較してみたい。

周知のように,第1回衆議院議員選挙は1890(明治23)年に行われた。そのとき,選挙権は納税額が15円以上ある25歳以上の男子に限られていた。この条件を満たす有権者は,当時の人口の1％にすぎなかった。その後,普通選挙運動が犬養毅・尾崎行雄らによって進められ,納税額の条件がようやく撤廃されたのは1925(大正14)年である。そして,第1回普通選挙が1928(昭和3)年に実施された。

普通選挙法の成立について,教科書はどのように記述しているか。

小学校教科書『改訂新しい社会・6年下』(東京書籍)から,該当部分を引用する。

　このころ,吉野作造は,政治は国民の幸福と利益のために行われるべきで,そのために多くの国民に選挙権を持たせ,国民の意見を議会に反映させる必要がある,と主張していました。

　人々の間に政治への関心が高まるにつれて,選挙権を広げようとする運動もしだいにもりあがりました。こうして,1925年,25歳以上の男子は,みな選挙権を持つという法律が成立しました。しかし,政府は,この年に,政治や社会のしくみを変えようとする人々の活動をきびしく取りしまる法律をつくりました。

同教科書は上記の記述に関連して,吉野作造の顔写真と「普通選挙を求める人々」の写真を掲げている。後者の写真には,「普通選挙を求める人々は,演説会を開いたり,デモ行進を行ったりして,広くよびかけました」という注釈が添えられている。また,「衆議院議員の選挙権の拡大」を示す表とグラフものせられている。

ここで,教師が教科書の記述そのままを教材であると認識して,つまり,《ある教材》として授業を構想するならば,その授業は次のような流れになるであろう。

(1) 吉野作造の民本主義について説明する。
(2) 大正デモクラシーを背景にして普通選挙運動が広がっていった過程を説明する。
(3) 選挙権拡大のグラフ等を利用して，普通選挙法成立の歴史的意義について説明する。
(4) 普通選挙の実施が無政府主義者の国会進出につながることを恐れて，治安維持法を同時に制定したことを説明する。

場合によっては，資料集で調べるという作業学習が取り入れられるかもしれない。しかし，その場合であっても，授業の骨格は教科書で述べられた諸事実に関する，より詳細な知識の整理・伝達におかれることになる。

これに対して，《つくる教材》の場合は，授業の流れが教科書の記述にそうことは稀である。諸事項の中で教師が力点をおきたい部分に焦点がしぼられ，その強調点を中核にすえて内容の再構成が行われる。

ここで，《つくる教材》の一例として，私の教材「この《長い行列》は何だろう——はじめて《選ぶ》この日」(2)を紹介する。

この授業は，黒板にはられた第1回普通選挙時の《長い行列》の写真（1m×1.64m）を終始見ながら，次のような流れで進められる。

⑴　写真を見て，目に止まったこと・気づいたこと・考えたことを挙げる。
⑵　昭和3年2月20日に見られたこの《長い行列》は，どこに向かう何の行列か考える。
⑶　人々はどうして，このように《長い行列》に並んで投票に行ったのか予想する。
⑷　選挙権が拡大していった歴史を振り返る。
⑸　昭和3年1月から2月にかけての新聞記事をOHPで見ながら，はじめて選ぶこの日を当事者になって迎える。
⑹　《長い行列》をつくって投票に向かった人々の様子を，新聞記事で知る。
⑺　あらためて，《長い行列》に並んだ人々の思いを考える。

つまり，この教材では，《長い行列》をつくって初めて投票に向かう人々の思いを追求することに焦点が当てられ，選挙権拡大の歴史は，人々のその思いをさぐるための伏線として教えられている。

〈表〉　選挙権の拡大の歴史

選挙の年	納税額	性別	年齢	人口比	有権者
1890年（明治23）	15円以上	男	25歳以上	1％	45万人
1902年（明治35）	10円以上	男	25歳以上	2％	100万人
1920年（大正9）	3円以上	男	25歳以上	5％	300万人
1928年（昭和3）	なし	男	25歳以上	20％	1250万人（4倍　950万人増）
1946年（昭和21）	なし	男女	20歳以上	50％	3680万人

2．《つくる教材》が生まれる道のり

《つくる教材》は，どのような道のりを経て生まれてくるのであろうか。ここでは，2つの視点で，教材が生まれる道のりについて見てみたい。

(1) 《至急の教材づくり》と《不急の教材づくり》

　教材づくりの作業が，その教材を使って実施される授業とどのような時間的関係をもって行われるかに，着目してみる。すると，次の2通りの教材づくりが存在することに気づく。

　第1は，授業が目前に迫ってきたとき，またはすでにその単元の授業を開始して後に，必要にせまられて行われる教材づくりである。これを《至急の教材づくり》と呼ぶ。それに対して，第2の場合は，時間に追われることなく，関心のおもむくままに素材をあたため，少しずつ教材に練り上げていく道のりである。これを《不急の教材づくり》と呼ぶ。

　《長い行列》の写真を生かした前掲の教材は，《不急の教材づくり》から生まれている。つまり，「普通選挙法の成立」について授業すると決定してから短期間に資料をさがしあて，教材化に努めたものではない。

　あるとき，私は調べごとがあって，図書館で『図説　昭和の歴史』第3巻（集英社）のページを繰っていた。そのとき，思いもよらずこの写真に出会ったのであった。私はいったい，何の写真か見当がつかず，その注釈を読み，いい知れぬ感動にひたった。

　棄権率が高く，選挙に対する無関心が広がっている今日，"自分たちの代表者を自分自身の手で選ぶ"ということが，これほどまで人の心をうごかすものであったのかと，私はしばし写真に見入っていた。そして，いつか，この写真を子どもたちに見せて授業をしようと心に決めて，少しずつ教材の周辺を掘り起こして，一つの教材につくり上げていった。

　有田和正氏は，同氏の《不急の教材づくり》の道のりについて，次のように

紹介する。
① ヒントになることを幅広く求めている。
② 見たり聞いたりしたことをすぐ役立てようとは考えていない。
③ 常に6年分の教材さがしをしている。
④ 旅行や出張先で取材する。

つまり、有田氏は本を読んだり、人の話を聞いたり、旅行したりするときに、何か授業のヒントになるものはないかと、平素からアンテナをはっている。そして、入手できた素材については、ある一定期間あたためて教材になりうるかどうか、その可能性をさぐり、教材に熟していくのを待つ。

同氏は「常に6年分の教材さがしをしている」と述べているが、その方法は次の通りである。
① 低学年の場合は学年1冊、高学年の場合は単元ごとに分厚いノートを準備し、手近な所に置いて、ヒントを見つけるたびにメモしたものをはりつけたり、メモしたりする。
② 時々ノートをあけてみては、想を練る。いくつかのヒントが集まると、想も練りやすく、方向が見えてくる。
③ 授業実施の時期が近づくと教材研究のやり直しをし、子どもの実態に合った新しい構想をえがき直す。

有田氏のつくりあげた教材を見てみると、このような《不急の教材づくり》を経たものが多い。もちろん、《至急の教材づくり》からつくられたものもある。

以下に、2タイプの教材づくりの過程を紹介し、教材の生まれる道のりについて確かめることにする。

○ **わたしのかぞくは12人**──《至急の教材づくり》の一例

教材「わたしのかぞくは12人」は、有田氏が1年生の学級担任であったときに生まれた。すでに単元の計画ができ、授業は「家族」の単元に入っていた。同氏は子どもたちが家族をどうとらえているかが気になり、「わたしのかぞく」という題で作文を書かせた。

すると、その中に、かず子さんの「わたしのかぞくは12人」という、次のような作文があった。(5)

> 　わたしの　いえには、おとうさんと　おかあさんと、おとうとと　大がくに　いくために　いなかから　きて　わたしの　いえに　とまっている　おねえさんと、おてつだいさんと　ときどき　いなかから　やってくる　おばあさんと　いとこの　ゆう子さん（5さい）と　わたしが　います。
> 　そして、おとうさんの　しごとの　てつだいをする　おにいさんも　います。①
> 　もう　ひとり、わたしの　おにいさんが　いるのですが、大がくに　いくために　よその　まちに　いっています。②
> 　それから、ちびと　たろうも　います。チー子も　いましたが、このまえしにました。
> 　それで、わたしの　かぞくは　12人です。とても　おおくて　にぎやかです。
> 　ごはんは、なんかいも　わけて　たべます。わたしは　いつも　一ばんに　たべます。〈――線は有田氏〉

　有田氏は「これはおもしろい教材になる」と直観し、本人と家族の了解をとってプリント資料として配布し、全員で家族とは何か考えてみることにした。こうして急遽組み込まれた授業の流れは、次の通りである。

> (1)　「わたしのかぞくは12人」のプリントを読む。
> (2)　かず子さんの家には、どんな人がいるか列挙する。
> (3)　12人とも家族といっていいか、おかしいものはないか考える。
> (4)　家族の条件を考える。

　ちなみに、授業の中で出された家族の条件は、次の4つである。

①　人間であること
②　血のつながりのあること
③　一緒にくらしていること
④　お金の出所が同じこと

これら4点の中で、子どもたちの考える家族の絶対条件は①と②であった。
○ **曲がったさとうきび**——《不急の教材づくり》の一例

教材「曲がったさとうきび」のねらいは、曲がったさとうきびの実物を見ながら、沖縄の人々が自然環境を生かした農業生産や、くらしの立て方をしていることに気づかせることである。

この教材がつくられていった過程の概略は、次の通りである。[6]

① 沖縄を訪問した折、さとうきびを目にして、「めずらしい作物だな。ほったらかしていてもできそうだな。よく曲がっているな。きっと土の悪い所でも育つ作物なのだろう」といった感想をいだく。
② 東京に戻ってから、何となく、さとうきびが気になってしかたなくなる。
③ 資料を集め、読んでみるが、有田氏の疑問に答える文献がない。
④ 文献がないということが、かえって追求心をかきたて、自ら調べ、資料を作り、教材化を試みようという意欲がわいてくる。
⑤ 沖縄を再訪し、さとうきび作りのメッカ、宮古島の現地に出かける。
⑥ さとうきびに詳しい佐渡山校長に、さとうきび畑で、具体的に学ぶ。
⑦ 学んだ知識を実証するために、農家の人にも、何人かたずねる。
⑧ 沖縄農業試験場宮古島支場で、さとうきび研究の専門家に話を聞く。
⑨ 沖縄各地のさとうきびの様子を観察し続け、「成長したさとうきびは、いずれも、ほぼ南向きに倒れている」という確信をもつ。
⑩ 「さとうきび」が、沖縄の気候の特徴や家のつくり、作物などへ目をひらかせる絶好の教材になりうると確信する。
　〈ここまでにおよそ1年を要す〉
⑪ 「さとうきび」を教材化する。
　〈さらにおよそ1年を要す〉
⑫ 4年生の自学級で、授業を実施する。
⑬ 宮古島の上野小5年生の学級で、授業を実施する。
⑭ その後、各地の小学校で授業を実施する。

以上のように、この教材は2年間をかけ、観察や取材活動を経て形づくられ

ていった。なお，実際に授業を実施した後も，何度も教材に手が加えられ，改善されてきていることを付け加えておく。

(2) 《教育内容の教材化》と《素材の教材化》

教材の生まれる道のりについて，教育内容と素材との間で起こる研究の方向性に着目してみる。藤岡信勝氏によれば，その方向性は次の2つに分けられる。[7]
① 教育内容の教材化（上からの道）
② 素材の教材化（下からの道）

ここで，教育内容の教材化とは，教育内容に含まれる「個々の科学的概念や法則，知識を分析し，それに関連してひきよせられるさまざまな事実，現象の中から子どもの興味や関心をひきつけるような素材を選び出し，構成してゆく」道のりをいう。[8]

また，素材の教材化とは，「素材のおもしろさがまず発見され，しかるのち，事後的にその事実を分析し，おもしろさの意味を反省して，その素材がどんな教育内容と対応しうるかという価値が見いだされる」道のりをいう。[9]

前掲の有田氏の教材例に戻して，2つの道のりを見てみたい。「わたしのかぞくは12人」の場合は，最初，《上からの道》をたどって「かず子さんの作文」に出会い，それから教育内容に向けて《下からの道》をたどって生まれた教材といえよう。

また，「曲がったさとうきび」の場合は，沖縄での曲がったさとうきびとの出会いが起点となり，《下からの道》を通って教材につくりあげられていったものといえる。もちろん，その過程では，教育内容から「さとうきび」を見つめる《上からの道》もあったにちがいない。

教材づくりの仕事は，教育内容と素材との間を行ったり来たりする作業を通して，あるときは短期間に，またあるときは長期間にわたって行われていくのである。

3．教材づくり・教材発掘の視点

今日，教材づくりの仕事については，教材開発と教材発掘の2つの用語があてられている。

果たして，教材づくりはどちらの用語のイメージに近いであろうか。

ちなみに，"開発"を含む用語例としては，ほかに次のようなものがある。
- 宅地開発（未利用地をブルドーザー等を用いて，宅地に造成すること）
- 新製品開発（実験や研究の積み重ねによって，より便利で進んだ製品を製造すること）

他方，"発掘"を含む用語例としては，次のようなものがある。
- 遺跡発掘（地中に埋もれている遺物をヘラやブラシなどを用いて掘り出すこと）
- 人材発掘（世に知られていない，すぐれた人物をさがし出すこと）

私は毎年一つずつ社会科教材をつくり続けて，すでに20年になる。その体験をかえりみると，教材づくりの過程は決してスマートではない。手さぐりの発掘作業という感が否めない。

そこで，ここでは教材づくりを教材発掘と呼びかえることにして，教材発掘の視点をさぐる。その際，理解を深めるために，①考古学者，②新聞記者，③ルポライターを取り上げ，それらと対比しながら教師の仕事を考えていく。

(1) 教材発掘と考古学者の遺跡発掘

そもそも，教材発掘には考古学者による"発掘"のイメージが重ね合わされていた。したがって，教材発掘が遺跡発掘とどういう点で類似しているのかを示さなければならない。

會野寿彦氏によれば，考古学者の役割は次の通りである。[10]

「遺跡とは失われた人間生活の場のことである。そこには太古の時代からの人間生活の記録が残されている。しかし，遺跡自身はそれについてなにも語ろ

うとはしない。遺跡をして語らしめるのが，考古学者，人類学者の役目であろう」

會野氏は別の所で，次のようにも述べる。

「一見，人間の生活とはまるで無関係にみえる自然の堆積でさえ，歴史を物語るのである。洪水による堆積層や火山灰の堆積は，遺跡が埋没した原因を説明してくれることもあるし，年代を決定する鍵となることもある」

これらの指摘を教材発掘に引き寄せていうならば，次のようにいえよう。

つまり，身のまわりや文献の中に埋もれている教材は，埋もれている限り，何も子どもたちに語りかけはしない。その埋もれた素材をして，教材として語らしめるのが，まさに，教材発掘にほかならないということである。もの言わぬ身のまわりの素材に，教材としての息を吹きこみ，子どもたちの認識を高める授業をつくり出すのが，教材発掘なのである。

ここで，私の発掘した教材「店って何だろう──自動販売機は店か」を見てみたい。

この授業は，①やおや，②とこや，③コイン・ランドリー，④自動販売機，⑤行商の5枚の写真を見ながら，これらの中で店といえるものはどれかと吟味していく。店には，やおや型（モノを売る店）ととこや型（サービスを売る店）の2種類がある。このことを子どもたちは確認し，その後，売り手がその場にいない"店のようで，店のようでないもの"や，移動して商いをする"店のようで，店のようでないもの"について，果たして，それは店か否かと追求していく。

この教材で私は，小学3年生から大人までのさまざまな人たちに授業をしてきたが，"経済学でいう店"と"生活感覚でいう店"とのずれの狭間で，学び手は年齢にかかわらず店認識をゆさぶられ，とまどっていた。

(2) 教材発掘と新聞記者の記事づくり

この世の中では，連日，さまざまな事件や人々の心を打つ話題が起きている。しかし，新聞で報道されるのはそのごく一部である。いったい，書かれるに価

する事実とはどういうものであろう。また，読者の心に残るような記事は，どうしたら書けるのだろう。

杉村楚人冠氏は，次のように述べる。[13]

「元来どういうことが新聞紙の材料になるか，又どういうことがならぬか，ということは，記者が自分の眼と鼻とを働かせて，考えるべき問題であって，新聞紙の材料というものは路傍に落ちているものを，ただ拾い上げるようなものでない。又誰の眼にも見え，誰の耳にも聞けるものばかり，集めるのでもない。同じ一つの事件に接しても，一人はその中になんら新聞紙の材料となるべきものを見出し得ないが，一人は立派にその中に材料となるべき要点を見出すことができる」

同氏によれば，新聞記者には「材料を嗅ぎ分ける鼻」が必要である。その鼻とは「世間のさまざまの事物に対して，これは材料になる，これは材料にならぬと，一々即座に識別する力[14]」である。

教材発掘に取り組む教師にも，新聞記者と同様に，「材料を嗅ぎ分ける鼻」が必要である。その鼻とは，子どもが集中して追求を楽しむ教材になるかどうかを識別できる鼻である。

杉村氏は，また，新聞記者の陥りがちな落とし穴について，次のように述べる。[15]

「自ら集めてきただけに，集めただけは何もかも書いてしまわぬと惜しいような心持がして気がすまぬ。集めるのに少し骨の折れたことになると，尚そういう心持がする。無理のない話ではあるが，それがために読んで面白くもなんともない事迄，書き列べるの弊に陥り易い。（中略）内容のあまりに充実し過ぎたのは，ともすれば興味をそぐ。学校の教科書ならば，面白くなくても，学生は読んでくれるが，新聞紙の記事に至っては，そうはいかない。絶えず読者の食欲を促しながら，読ませていく工夫がいる。それにはでき得る限り，捨つべきを捨てて，あっさりと献立をしたものを薦めるようにしなければならぬ」
（傍点は杉村氏）

この指摘を読むと，新聞記者の悩みが教材発掘に努める教師の悩みと一致していることに私は驚く。なぜなら，教師の陥りやすい落とし穴は，自身が調べ

たことを何でも授業の中にもちこみ，授業を台なしにしてしまうことだからである。不要なものは思い切って捨て去り，その本質的なもののみを差し出す。そうでないと，授業は雑然としてしまい，あだ花に終わる。教材発掘は，掘り出した素材が授業の中で実を結んだときに終結する仕事である。

(3) 教材発掘とルポライターのルポ報告

　ルポライターは鋭い問題意識をもち，社会的な事件等について現場取材を重ね，その結果を報告していく。ルポライターが留意していることについては，いくつも挙げられるが，その中の一つは，やはり，余分なものは思い切って捨てるということである。

　例えば，本多勝一氏は次のように述べる。[16]

　「効果的な部分だけをとりあげ，あとの材料は思いきって全部捨てる。そのかわり，とりあげた部分については，徹底的に微細に描く。具体的にどのように微細かはルポに書かれている通りですが，ひとことで言えば，それは読者がたとえば映画を見るように現場を想像できるような描き方です」

　本多氏の代表的なルポの一つである「戦場の村」の場合，取材した量と発表した量との比率は，だいたい50対1だという。このくらい捨て切って文章を書くのでないと，読者を引きつけるルポはうまれないということであろう。教材発掘においても，最後は捨て去ることを覚悟して，素材の周辺を掘り下げていくのである。

　ところで，鎌田慧氏の次の指摘についても，注意を払いたい。[17]

　「物事というのは並列的に見えるのではなくて，その中でどこか自分の心に引っかかるものがあるはずですから，その引っかかったものが，なぜ引っかかっているのか，それを自分に納得させるように書いていくと，読むほうも読みやすい。

　それらをメリハリもなく，羅列的に書いていると，結局よくわからない。というのは，筆者の視線みたいなものが感じられないからです。つまり，その文章を書いている人の視線が読み手のほうに伝わると，わかりやすい。見ている

人の視線の移動みたいなのがわかる」
 確かに，教材発掘を成功に導くのは，第一に，その教師の心に引っかかっているものであり，第二に，その引っかかりの強さである。心に何の引っかかりもないまま文献を読みあさっていっても，ただ知識量が増えるだけで，結局は，羅列的な授業をつくってしまうのが関の山である。
 "心の引っかかり"とは，教師の問題意識であり，その問題意識が鋭ければ鋭いほど，豊かな教材が掘り出され，子どもたちの追求が広げられていくのである。
 前述した教材「店って何だろう――自動販売機は店か」の場合，私の"心の引っかかり"は，自動販売機は店なのかどうなのかということであった。私は長い間，駅のホームや路上に設置されている自動販売機で飲み物を購入してきていた。しかし，一度も，それを店だと思ったことがなかった。"便利な機械"と思って接してきたといってよい。
 店とは思えない理由としては，次のようなことが挙げられる。
 ① 路上にあること
 ② 売り手がいないこと
 ③ 品数が限られていること
 しかし，世の中をぐるっと見まわしてみると，駅前には天津甘栗や新聞・週刊誌を売る出店（露店）があって，"路上に設けられた店"を私たちは受け入れている。また，農村地帯などに行くと，道路ぞいに，収穫した野菜等が皿に入れられ，値札が付けられ，通りかかった人はそれを見て，代金をそこに置いて買っていく。いわゆる無人店である。とすると，私たちは"売り手がそこにいない店"をこれまた認めていることになる。
 確かに，自動販売機で売られる品数は限定されている。しかし，この世の中には，百貨店もあれば専門店もある。店の形態は多様である。多種の商品を売る店があっていいし，限られた商品を売る店があってもいい。
 そのように考えてくると，自動販売機は四六時中開店し，あたたかいコーヒーや冷たいコーラ等を買いたい人のために販売している"便利な店"と思え

てくる。ただ私たちが，それを店と呼ぶことに慣れていないということだけなのかもしれない。

　私は友人，知人をはじめ，小売店，自動販売機メーカー，商工会議所，通産省の人たちにも取材を重ねていったが，そのたびに"心の引っかかり"は大きくなっていった。私の取材を受けた人の心の中にも，思わぬ"心の引っかかり"が生まれていくのが，その表情を見ていてよくわかった。

　誰もが考えこんでしまうような"心の引っかかり"をもち，その引っかかりを解くことを目指して文献にあたったり，取材したりして研究していく。そうすると，授業の中でも，子どもたちが"心の引っかかり"をもち，考えこんでしまう教材がつくり出されるということである。　　　　　　　　（佐久間勝彦）

〈参考文献〉　＊本文中の（注）は，注番号と対応した以下の注記・文献を参照のこと。
(1) 従来は，「つくる教材」は「なる教材」と呼ばれ，「ある教材」に対比されていた。ここでは，"教師がつくり出す"という意味あいを強く打ち出すために「つくる教材」と称することにした。
(2) 佐久間勝彦『社会科なぞとき・ゆさぶり５つの授業』(1992，学事出版)
(3), (4), (5) 有田和正『社会が好きになる教え方』(1983，明治図書)
(6) 有田和正『学級づくりと社会科授業の改造・中学年』(1985，明治図書)
(7), (8), (9) 藤岡信勝『教材づくりの発想』(1991，日本書籍)
(10), (11) 會野寿彦『発掘』(1964，中公新書)
(12) 佐久間勝彦『教材発掘フィールド・ワーク』(1989，日本書籍)
(13), (14), (15) 杉村楚人冠『最近新聞紙学』(1970，中央大学出版部)
(16) 本多勝一『ルポルタージュの方法』(1983，すずさわ書店)
(17) 鎌田慧『ルポルタージュを書く』(1984，光村図書)

6章　授業と教授メディア

1. 教授メディアの変遷

(1) 「視聴覚教育」から「多メディア教育」へ

「視聴覚教育」(Audio Visual Education) は，第2次世界大戦後にアメリカから日本へ入ってきた教育活動である。アメリカでは大戦中，兵士たちに日本語や日本に関する知識を早急に教える際に，映画などの視聴覚メディアを利用して著しい成果を上げた。そしてこの教育方法を大戦後小・中学校にも適用したのが視聴覚教育の始まりといわれている。AVE は直訳すれば「聴視覚教育」となるが，いつのまにか「視聴覚教育」に改められた。この変更の背景には，「視覚」のほうが「聴覚」よりも人間にとって重要であるという考え方があったように思われる。しかし実際は「聴覚」を失うことが人間の発達や活動にとって著しい障害をもたらすことはよく知られている。「聴覚」は「ことば」の世界と深い関係があり，「ことば」は文化そのものであるからであろう。

さて，文部省の「視聴覚教材利用のてびき」(1972) によれば，「視聴覚教育」の定義は「模型，演劇，紙芝居，演示，見学，ラジオ，レコード，幻燈，地球儀，図表，掛図，標本，フィルムを利用して，学習指導をいっそう効果的にする方法である」[1]となっている。この他にも最近ではテレビの利用も盛んである。特に学校放送の利用率が80～90パーセントもあり，毎年行われる全国放送教育連盟の全国大会には延べ1万5千人の教師たちが各地から参加するほどの盛況である。また，コンピュータ学習を進めている学校も急速に増加している。

このように各種のメディアが広範に発達した結果，最近になって「多メディ

ア教育」(MME) が改めて注目されだした。これには二つの内容があると私は思う。一つは「Media Mix Education」であり，もう一つは「Multi Media Education」である。

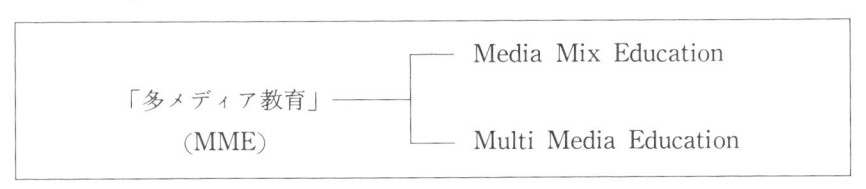

```
「多メディア教育」 ─┬─ Media Mix Education
    (MME)       └─ Multi Media Education
```

「多メディア教育」はこのように二つに大別されるが，現在この両者の区別はまだ明確でないようだ。両者を全く同じものと解釈したり，また時と場合によって「メディアミックス教育」といったり「マルチメディア教育」といったり適当に使い分けているありさまである。

しかし，私の考えでは「メディアミックス」と「マルチメディア」とは明らかに別のものであり，峻別すべきものである。すなわち「メディアミックス教育」とは，映画やOHPのほかにテレビやコンピュータなどさまざまなメディアを複合的に利用する教育のことである。これに対して「マルチメディア教育」とは，「Multi Media」を利用した教育のことである。ここでいう「Multi Media」とは，「エレクトロニクスを利用して処理された文字・数字，静止画，音声，動画などのデータを，コンピュータの管理のもとで有機的に結合したもの」である。つまりコンピュータの性能が飛躍的に向上した結果，ワープロ，スライド，CDプレイヤー，ビデオなどの複数のメディアが「マルチメディア」

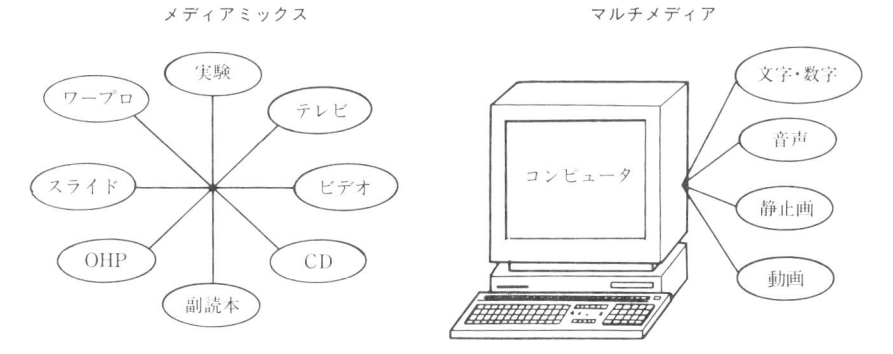

という概念のもとに有機的・構造的に集結したものである。

例えば，日本では第一号の「マルチメディア」教材といわれた『文京文学館』は，「マルチメディアで文学史を……」のねらいで制作されたもので，説明書によれば「この教材は動画を受け持つレーザーディスクと日本語のハイパーカードから成り立っている。動画には，文京区ゆかりの明治以降の文人たち（森鷗外ほか）に関する資料やエピソードが収録され，日本語ハイパーカードのスタックウエア（情報の束）には，映像を補完する文字，音声，写真，地図，年表などが入っている。そしてこれらを全体に制御するのがコンピュータであり，学習者は自分の興味に合わせて関連情報や動画を自由自在に引き出したり組み合わせたりしながら，あたかも館内を見学している感覚で学習できる」ようになっている。これは今までにはない全く新しいタイプの教材であり，こうした教材が増えれば学習が主体的・発見的・発散的なものへと質的に変化できよう。

これまでの学習はどちらかといえば注入的・収束的なものが余りにも多過ぎた。「マルチメディア」教材を生かした学習こそ，これからの教育にふさわしい方法であろう。このように「メディアミックス教育」と「マルチメディア教育」とは目的も内容も全く別のものであるが，時代の要請は「AVE から MME へ」と確実に変化している。

(2) ニューメディアの種類

ニューメディアということばが使われて久しいが，ニューメディアとは何かについてはまだ定説がない。そもそも「NEW MEDIA」ということば自体が和製英語であり，米国では「New Electronic Media to Communication」という。

さてその「ニューメディア」は，次の三つに大別することができる。まず一つ目は〔無線〕を使った「放送系」のもの，二つ目は〔有線〕を使った「通信系」，三つ目はパッケージを主とした「単体系」である。具体的には，次の表のようなメディアを指している。

A) 無線…………放送系
- BS（放送衛星），CS（通信衛星）
- HD-TV（ハイビジョン）
- 文字多重放送（テレテキスト）
- 音声多重放送
- 静止画放送
- ファクシミリ放送
- 緊急警戒放送
- PCM放送（高忠実度音声放送）
- 4chステレオ

B) 有線…………通信系
- 都市型CATV
- キャプテン（ビデオテックス）
- VRS（画像応答システム）
- ボイスメール
- 電子メール
- パソコン通信

C) パッケージ……単体系
- VCR（家庭用ビデオ）
- ビデオディスク（VHD, LD）
- CD(CD, CD-ROM, CD-I, CD-R, CD-RW, DVD, DVD-ROM, DVD-RAM)

　これらについては，一つ一つ詳細に述べる余裕がないが，最近のニューメディア全体について次のようにまとめることができる。
- メディアの種類が非常に多くなってきたこと
- メディアの性能がきわめて向上してきたこと
- メディアの役割が越境したり，融合してきたこと

(3) ニューメディアの伝達特徴

さて「ニューメディア」と従来の「マスメディア」(これをオールドメディアと呼ぶことにする) を比較してみると，その伝達特徴には次のような違いがあるといわれる。[3]

情報伝達の特徴

	対象	内容	機会	流れ
オールドメディア (マスメディア)	不特定多数	同一内容	定時	一方向的
ニューメディア	特定少数	個別的内容	随時	双方向的

この表のように「オールドメディア」と「ニューメディア」の伝達特徴には明らかな違いが見られる。そこでオールドメディアの代表としては「テレビ」を，またニューメディアの方は「都市型 CATV」(ケーブルテレビ) を例にあげてこの点を説明してみよう。

まず現行のテレビは，幼児から老人にいたるまでの不特定多数を対象に，一人でも多くの人々に見てもらおうという意図で放送している。しかも主な番組の内容は全国的に同じものである。また放送時刻の方は朝7時からとか夜9時からというように，放送局の都合によって決められている。その上すべての番組が，送り手 (放送局) から受け手 (視聴者) へと一方向的に送られている。このように現行の「テレビ」は，〔不特定多数〕を対象に，〔同一内容〕を，〔定時〕に，〔一方向的〕に放送しているのが特徴といえる。これらは「オールドメディア」の長所であると同時に短所ともなっている。

一方，各地に普及した「都市型 CATV」は光ファイバーを利用した多チャンネル方式により，〔特定少数〕を対象に放送することを実現させた。例えば天気予報チャンネルとかニュース専門のチャンネル，スポーツ専門のチャンネルや少数民族のためのチャンネルなどのいわゆる「特定少数」(マイノリティ) をターゲットとした番組の出現である。その内容も今までのように同一のもの

を放送するのではなくて，多様化した内容（個別的・専門的・地域的）に変わってきた。しかも視聴者はこれらの番組をいつでも利用できる。つまり見たいと思ったときに，「ビデオオンデマンド」などの方法で自由に見ることができる。しかも送り手と受け手が画も音も双方向的（インターラクティブ）にやりとりできることも画期的なことである。このように「ニューメディア」の伝達特徴は，〔特定少数〕を対象に，〔個別的内容〕を，〔随時〕に，しかも〔双方向的〕に扱えるという点にある。

このように両者の伝達特徴には明らかに違いのあることがわかった。

(4) A.トフラーの未来論

ところでアメリカのジャーナリストであるアルビン・トフラー氏（1928～）は，今から十数年前に『第三の波』という本を著して，過去から現在そして未来への展望をしている。[4]

彼はこの本の中で人間の文明を三つの「波」にたとえて，「第一の波」を農業革命，「第二の波」を産業革命，「第三の波」を情報革命だといっている。特にジェームズ・ワットの蒸気機関が発明されて産業革命が起こり，人々は「規格化」「同質化」「分業化」「同時化」「大規模化」「集権化」「大量生産・大量消費」を目指してがむしゃらに突き進んできた。その結果，人々はある程度の「幸せ」を手に入れることができたが，一方で貧富の格差が拡大し，ひずみもまた生じてきたのである。来るべき情報社会（「第三の波」）では，これまでの行き方を反省して「非集中化」「非同時化」「非同質化」「非権力化」などが新時代の目標となるだろう。そして「量」よりも「質」に関心が向けられるようになり，異質の中に創造性を見つける考え方とか，個別的なものや専門的・地域的なものが新たに注目されるようになると彼は述べている。

トフラー氏の未来論は，全体に楽天的なところも多いが，非常にわかりやすく，現実の歴史もまた彼の指摘するように動いているところがまことにおもしろい。

2. 授業はどのように変わるか

(1) これからの社会と教育のあり方

このように〔ニューメディアの伝達特性〕と〔社会の発達の流れ〕ということを併せて考えると，これからの教育のあり方というものが明確になってくると思う。次ページの表は「工業社会」(産業社会) と「情報社会」における教育の目的や形態，カリキュラムなどを示したものである。[5]

トフラー氏も指摘したように，工業社会では「規格化」「同質化」「大規模化」などが目標とされ，何よりもまず人々の物質的な生活水準の向上ということが優先された。規格化された組織が重視されて，異端は極度にきらわれた。「よらば大樹のかげ」という発想が広まった。これに対して情報社会では情報そのものに価値がおかれ，職業や職種も多様化され，人々の思考も「質的」なもの（感性とか好みとか）が取り上げられるようになった。

こうした社会の変化は当然のことながら教育の分野にも影響を及ぼすものである。例えば次の表のように，〔教育の目的〕についてはこれまでは一流の大学を卒業して一流の会社に入るという同一目的だけが督励されたのであるが，これからは子どもの可能性をひらくためにいろいろな教育目的を持つことが重要になるだろう。〔教育の形態〕もこれまでのマスプロ教育ではなく少数集団教育が盛んとなり，また〔カリキュラム〕も画一的で標準化されたものばかりでなく，個性的で多様化されたものに変わっていくはずである。〔評価のしかた〕についても学力偏重の一次元的なものから，学力以外の成果を考慮にいれた多次元的な評価の方法が普及するだろう。このほかにも〔教育や教師へのフィードバックのしかた〕や〔教師の仕事〕〔教育システムの適用〕なども大きく変化せざるを得ないだろう。そして学生に求められる〔学力観〕もこれまでのような暗記型一辺倒の学力ではなく，また論理的な思考や分析的な思考だけが重視される学力でもなくて，イメージ能力と論理思考の両面に習熟した学

工業社会と情報社会の教育システム

	工 業 社 会	情 報 社 会
教育ニーズ 目的 価値観	同一目的 同一傾向 （まず量，次に量から質へ）	多目的 多様性 （質～感性，好み）
教育形態	マス教育	少集団教育
カリキュラム	標準化／画一化	多様化／個性化
評価の尺度	一次元的（偏差値）	多次元的
教育や教師への フィードバック	進学成績 （偏差値による評価）	受講者や被教育者による選択（受講者による評価）
教育システム， 組織の運用	〔空間的〕 集中型／階層型 〔時間的〕 同時化	分散型／小規模相互連係型， 交流型 フレックス型
教師の担当	分業化	協同化 （学校・教師間の協力，企業などから社会人を教師に）
学習者	諳記型学習力 論理思考 分析的思考 分析力	情報検索能力，発想力，表現力，伝える能力 イメージ思考＋論理思考 分析的思考＋構成的思考 分析力＋総合化力

（佐藤隆博『教育情報工学のすすめ』より）

力とか，または発想力・表現力・伝える力などを併せ持つ総合的で幅の広い学力が要求されるようになると思う。教育方法の現代化もまたこの考え方に合わせながら進めるべきであろう。

(2) 教育方法の現代化の四つの方向

現代社会における技術の進歩は著しく，この半世紀におけるニューメディアの展開は人々の予想をはるかに越えるものであった。特にコンピュータの発達には目をみはるものがある。このような技術革新のテンポの速さを考えるとき，21世紀の教育方法はどのようになるだろうか。私は次の四つの方向に注目すべきであると思う。

① 個別化
② 双方向化
③ データベース化
④ ネットワーク化

まず「個別化」についてである。

これまでの学習方法は，主として一斉学習というやり方が多かった。その結果，いわゆる「落ちこぼれ」や「浮きこぼれ」の生徒が続出して問題となった。従来の教室では，1クラスの児童・生徒数が多過ぎて，個人の能力や学習の進度に合わせて授業を行うことはほとんど不可能であった。コンピュータが初めてこの壁を破ろうとしている。いま子どもたちはやっと自分の能力や発達段階，学習進度に合った学習を進められるようになったのである。

これからの課題は，「個別学習」と「一斉学習」をどのように使い分け，組み合わせるかにかかっている。

次は「双方向化」について考えてみたい。

双方向機能（インターラクティブ）は，ニューメディアの最大の特徴である。この「双方向性」はたいへん広範囲で，最近では受け手が同時に送り手（情報発信者）でもあるという意味を含んでいる。従来のように情報を一方的に与えられていた立場から，その内容を受け手の都合に合わせて加工したり，追加したりしてパーソナルなものに変えうることを示している。さらに受け手が作った情報を，他者に発信することもできるのである。このように双方向性は，

ニューメディアの特徴の一つとしてこれから大きな役割を果たすと考えられる。例えば「都市型 CATV」は，双方向機能を生かした新しいタイプの放送局である。かつて通産省が奈良の生駒市で行った実験によれば，放送局と各家庭とを光ファイバーで結ぶことにより「映像」と「音声」ともに双方向で送信・受信するという世界初の試みに成功した。この実験でわかったことは，「双方向」を実現したことで真の意味における視聴者参加が可能になったこと，住民の地域社会に対する愛着心が向上したことなどである。語学番組やレッスン番組なども，こうした双方向機能を生かすことによって，今までにないきめ細かな学習ができたという。

「学習」というものは，教師と学習者との間に成立する一種のコミュニケーション過程である。その意味で双方向型の学習の重要性はいうまでもないことである。これこそ従来の学習指導において最も欠けていた点なのだから。

次は「データベース化」についてである。

コンピュータは，1946年にアメリカで大砲の命中度をあげる弾道計算の機械として発明された。与えられたデータを多量に・正確に・迅速に処理することは，コンピュータの得意中の得意である。膨大なデータを蓄積・処理・検索・管理・運営することが「データベース」の役割である。最近では各地の研究施設や大学などが文献・資料などをより多くの人々に利用してもらおうと公開している。例えば，国立教育研究所の「教育情報データベース」や学術情報センターの「学術情報システム」などがすでに行われている。この他にも同じ地域内にある小・中学校が協力してデータを集中管理して，その効率的運用を図ろうとする動きも出ている。

千葉県の旭教育情報センターでは，以前からこの問題に取り組み，各種の教育情報を整備してサービスを行ってきた。現在は地域内の小・中学校との間をパソコン通信で結び，社会科や理科の統計資料や画像情報，映像情報などを提供している。これらの情報は各学校から係の方へ電話で予約すれば即座に送信してくれる。また地域内の先生方がつくった教育ソフトを「ソフトバンク」にストックしておき，要望にいつでも応じられるようにしている。このように地

域の教育センターを中心に,郷土学習資料や歴史・政治・経済などの関係資料をデータベース化して最寄りの小・中学校に搬送するシステムがいま全国各地で進められている。(6)

最後に「ネットワーク化」について取り上げたい。

アメリカのマサチューセッツ工科大学の遠隔教育部門では,アメリカン・オープン・ユニバーシティ(A・O・U)を開設し,現在100余りの学部レベルの科目を提供している。この大学では主に印刷教材による通信添削指導とパソコン通信による学習指導をしている。入学は誰でも入れるオープン・アドミッションで,世界各地から生徒が参加している。コンピュータによる双方向性を生かした学習方法ばかりでなく,大学の国際化を進める新しい試みとしても注目されている。また,文部省共同利用機関のメディア教育開発センターでは,1996年から各地の国立大学や高等専門学校などを衛星通信システムで結んで,画像を通しての合同授業,合同ゼミ,シンポジウムなどを行っている。これは同時性・同報性・双方向性を特徴としたもので,SCS(スペース・コラボレーション・システム)と呼んでいる。

こうした試みは,企業内教育の分野でも広がっている。日本ではすでにNECなどが通信衛星を利用して実施しているが,東京都にある衛星教育センターをメイン会場にして,全国各地の会場と結んで講義を進めている。会場には画像・音声とも双方向機能を持つ機器が備えてあり,講師と質疑応答を行うことができる。この方法のメリットは,地域を越えた学習が可能なことである。全国各地に分散している社員たちは,勤務地にいながら企業研修が受けられ,時間と経費を節約できる。また,地方から直接に意見を述べるよい機会ともなる。この会社では海外にもネットワークを拡大して,今後は企業内教育の拡充を図るという。このように最も伝統的・保守的な高等教育の分野で新しい試みが行われていることはたいへん興味ぶかいことである。

コンピュータをはじめ,「ニューメディア」を利用した教育の改革は,いま各分野ではじまっている。

(浅野孝夫)

〈参考文献〉 ＊本文中の（注）は，注番号と対応した以下の文献を参照のこと。
(1) 秋山隆志郎他編『視聴覚教育』（1985，樹村房）
(2) インターブログ編『マルチメディアとコンピュータ』（1989，BNN）
(3) 竹内郁郎（NHKテレビ「新旧メディアの役割」から）
(4) A.トフラー，徳田孝夫訳『第三の波』（1982，中公文庫）
(5) 佐藤隆博『教育情報工学のすすめ』（1987，NEC文化センター）
(6) 文部省『情報化の進展と教育』（1991，ぎょうせい）
(7) 堀江固功他編『教育メディアの原理と方法』（1998，日本放送教育協会）

7章　コンピュータの利用

1．コンピュータと現代社会

(1) 高度情報化社会とは

　1990年代の初めから，後の米国のゴア副大統領が中心となって提唱し，クリントン政権登場の際の目玉の一つともされた，「情報ハイウェイ」構想なるものをマスコミ報道で見聞きしたことがある読者は少なくないだろう。これは，今後の豊かな社会建設の機軸は，「マルチメディア」を駆使する高度な情報通信の環境整備にあるとの考えに基づいて打ち出された構想である。具体的には，高度なコンピュータ技術による多様な視聴覚メディアの制御を核とした「高度情報化社会」の建設を目指すもので，そのコンセプトは世界中に広まり，現在先進諸国ではすでに着々と実現しつつあると言えよう。
　このような構想が米国で打ち出された背景として，本章でもしばしば触れることになる「インターネット」そのものが，もともと，米国の国土防衛に関する軍事情報管理のためのネットワークと，全米の大学等の研究機関を網羅する学術情報ネットワークとが結び付き，一般市民や企業にもそのサービスを公開したことに出発点を持ち，現在のグローバルなネットワークも，米国のネットワークのインフラ（基盤整備）や技術的蓄積に便乗する形で発展してきていることを留意しておく必要があろう。
　「情報ハイウェイ」構想のより具体的なイメージは，次ページの図1にあるように，従来の電話回線より遙かに情報伝達容量の大きい「光ファイバー・ケーブル」を各家庭レベルまで国土全体に張り巡らし，コンピュータやテレ

7章 コンピュータの利用　87

ビ・ビデオをはじめとする電子機器を接続した情報システムをつくり上げようとするものである。このことによって，例えば高性能のカメラや受像機によって，出席者や講師や生徒がどんなに遠く離れていても，それぞれが居場所の移動を行うことなしに，会議や授業に参加することが可能となる。

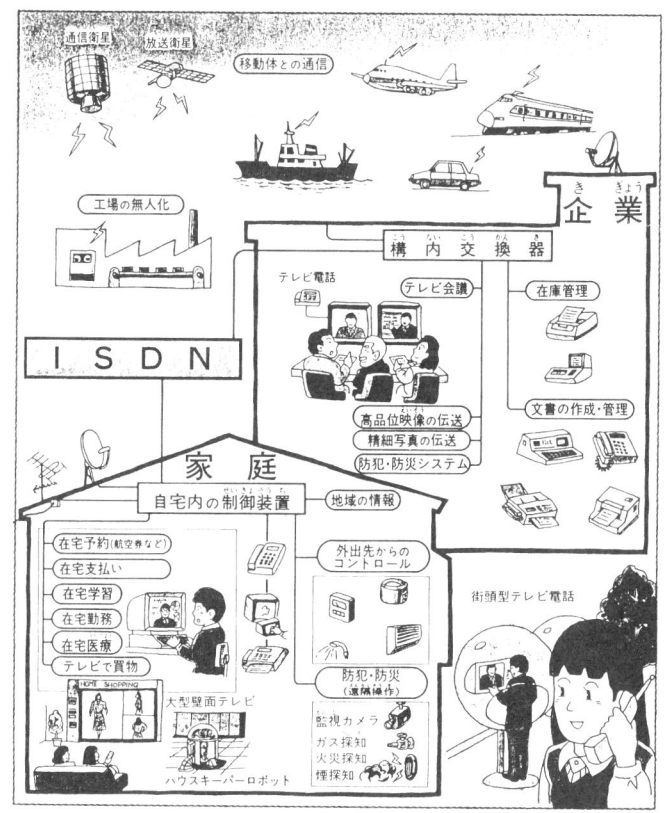

図1　ＩＳＤＮを利用した社会（帝国書院『中学生の公民』平成5年版より）

　人間関係にとって，お互い共通の場所に出向いて，真近に接触することの重要性は言うまでもないが，豊富な情報量を扱い得る高度な通信装置を活用しての，遠距離を越えてのコミュニケーションが可能であることのメリットは少なくあるまい。

　世界各地の人々との意見の交換や学術・文化交流が，家庭や学校でも気軽に扱えるパソコンを軸として，誰もが容易に行えるようになり，そのことを通して国際理解が深められることの意味は大変大きいだろう。

　このような情報環境は，身体機能に重度の障害を抱える人々の，在宅勤務を

はじめとする社会的活動の支援にとっても特に重要であろう（この問題については、後に触れる）。

(2) 高度情報化とその社会的背景

a．情報化社会を支えるもの（情報インフラ）

このようなネットワークの、国土全体や地球的規模で実現してゆくにあたって必要なハード面についての注意も不可欠である。

図1の上部に地球的規模での高速度通信には不可欠の通信衛星やパラボラ・アンテナが描かれていることに注目してほしい。

この衛星を打ち上げ制御する技術は、もともと極めて高度な軍事技術であった、ということには注意を向ける必要があろう。つまり、"平和目的のために世界の誰もに開かれた技術"と簡単には言い切れない側面を持つのである。

また、地上の大規模な送受信施設をはじめとする高度な通信環境の整備には大変な費用を必要とするために、情報を運ぶ電波は世界を飛び回るものの、それがもたらすメリットを享受できる国とできない国との区別が生じ、経済や社会生活水準の格差が増幅されることが強く懸念されよう。実際、この懸念は最近になって国際機関でも重要な討議の対象とされるようになり、情報に関する"貧富の差"を極力防止しようとする気運がたかまりつつある。

図2は、従来の海底電信電話回線に加えて、前述の情報伝達容量の大きな海底「光ファイバー・ケーブル」が敷設されつつある状況を示すものである。

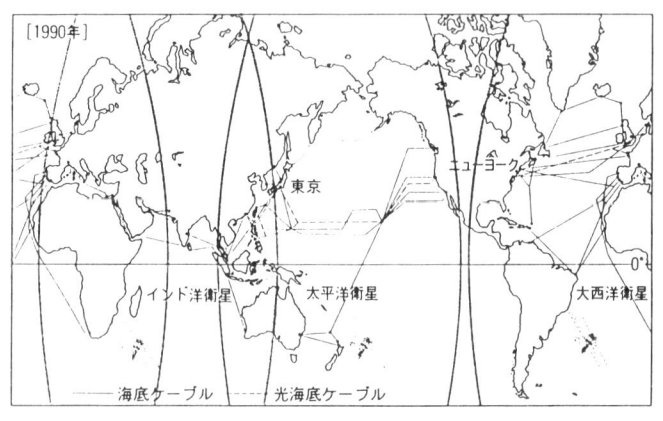

図2　世界を結ぶ通信網（東京書籍『新しい社会 公民』平成5年版より）

国際通信において衛星が果たす役割は大きいものの，衛星には宇宙気象の変動や，天体の位置関係等によるノイズや電波の遮断という弱点があり，通信環境を保全するものとして（有線である）海底回線の存在も欠かせない。

しかしここにも，回線敷設をめぐって領海問題や費用の負担問題をはじめとするさまざまな問題がある。このように，情報通信は単に回線や送受信機器の問題だけではなく，政治・経済・社会の諸問題と密接に関係しているのである。

また，最近では，欧米をはじめ日本でも，ケーブルテレビ企業や電力会社さらには電鉄会社などが，それぞれの営業地域内の業務回線設備を活用した通信回線事業に進出し，従来の電話回線のみに限定されていた回線サービスの種類が拡大し，それに伴い通信料金の大幅な値下げ競争も激化しつつある。

b．情報化社会と言語問題

もう一点，「高度情報化社会」の発展・普及に関連して，見落としてはならないことがらがある。それは，「コンピュータと言語」の問題である。

コンピュータ技術は，初期には数理の専門家しか扱えなかったものが，ＩＢＭ（International Business Machine：世界最大のコンピュータ企業）の技術陣により，簡単な英語と数字の組み合わせによって指令できる操作言語が開発された。それに対応した入力装置としてタイプライターの形状を基礎としたキーボードが考案されたことによって，コンピュータの利用は一挙に拡大していった。

日本におけるコンピュータの大規模な導入は，1964（昭和39）年に開催された東京オリンピック前後からであるが，しばらくの間は，英語と数学の能力を不可欠とする，高度でエリート的な最先端技術というイメージが強かった。

しかし，1980年代のはじめ頃までには，日本語を扱えるコンピュータ技術が開発され，ついには，国内におけるコンピュータの普及は一挙に促進された。これと並行して，日本語ワープロ専用機も急速に普及していった。

このコンピュータによる日本語処理を実現したのは，日本語を特徴づける漢字が，かな入力を変換するという形で表示できるようになったことと，その変換方式のために大量に必要とされる集積回路の技術革新と低価格化が要因で

あったと言われている。

　日本に限らず，中国や東南アジアそれにアラビア語地域などでも，それぞれの国や地域の言語文化のニーズに対応しうる言語的基礎をもった機械の開発が大きな課題となっている。

　このように，コンピュータの世界的普及において，言語の問題は人間の場合と同様たいへん大きな問題であることが明らかである。また，現在は，コンピュータの技術を，個別言語への対応と並行して，できるだけ円滑な異言語間の翻訳を可能にするよう向上させる研究開発が進められている。

　ところで，このような，インターネットの活用に際しての言語の壁を越えるための自動翻訳ソフト等の開発は，今後ますますより高度なレベルに達することではあろうが，現段階の翻訳能力では，ネット上で対話するどちらかが，相手の使う言語に合わせなければ，十分な意思疎通は難しいだろう。また，例えば，日本・中国・ドイツ・フランスの研究者がネット上で同時に対話・交流しようとする場合には，好むと好まざるを問わず，英語を使用するのが最も手っ取り早い。このように，インターネットで世界中が結ばれてゆくほど，ネット上の事実上の共通語としての英語の存在が大きくなりつつある。

　このことは，特に日本に大きな影響を及ぼしつつある。それは，もともとあった，日本の学校英語教育が実用的な英語コミュニケーション能力の育成に失敗しているという批判に加えて，インターネット時代を迎えて，英米圏にとどまらず，全世界を相手とする情報の発信の面で，日本社会全体の共通語としての英語活用能力の貧しさが，さまざまな国際競争の場面で決定的な不利を招きつつある，という視点からの英語教育見直し論争である。

　この問題とも関連する深刻な事例として，1990年代の後半から，東京に置かれていた国際的な大手の通信社や銀行の極東統括部局が，次々と香港やシンガポールに移転していることが指摘される。これは，東京の地代や物価の高さを嫌う以上に，英語で幅広く業務を進める上で，日本語仕様で完結している度合いの強い情報インフラに比べて，シンガポールなどでは，英語標準の環境で仕事を進めやすいという理由からだと言われる。また，インターネット経由で業

務の発注や納品が可能なソフト開発の分野などでは，例えば米国大手企業の仕事が，現場の作業者とでも通訳を通さず，直接英語で打ち合わせができる（そしてもちろん人件費も格安の）インドのベンチャー企業に集中し，日本の同業者のビジネスチャンスが奪われつつあるとも言われる。

いずれも，日本が早くからコンピュータの日本語での活用を実現し，アジア地域で先進的に自国語仕様による情報インフラを整備したことや，幸いにして西欧の植民地支配を免れ，日本語以外の言語使用を強制されたことがないという，従来は他のアジア諸国から羨望された状況の，皮肉な裏返しともいえる展開であるが，インターネット時代といわれるものの社会的現実として，見過ごせない重要な問題であろう。

2．コンピュータの特性

(1) 知的活動に役立つコンピュータの特性

フロッピーデスクに記憶させると何十枚も必要になる，30冊もの大事典の全部の情報が，今やCD-ROM 1枚に収録され，ディスプレーの画面上で必要な項目を簡単に検索ができるようになった（最近ではCD-ROM を上回る性能の記憶媒体も続々開発されている）。さらに，ＶＴＲやデジタルカメラから取り込んだ映像と音声を組み合わせて，例えば，キーボードやマウスで検索した動物のディスプレー画面から鳴き声が聞こえるという「電子事典」も実現している。

また，最近では，新聞記者が取材現場で，携帯用のパソコンやワープロで記事を書いて，本社へパソコン通信で送るケースも一般的となり，記事が生まれる最初の段階から電子情報化され，記録・蓄積されることで，コンピュータ利用による新聞記事の検索等も格段に便利となりつつある。

このように，大量の情報の記憶・加工・検索および通信に関して飛躍的に可能性を拡げているコンピュータが，特に学術・教育分野で，その特性がどのよ

うに活用されているだろうか。

a．データ・ベースの利用

1）大学の中央図書館の大型コンピュータに，蔵書目録や新着の学術雑誌すべての目次や記事の概略が入力されている場合（最近では，発行の段階から，紙を介さずデジタル情報のみの形式の研究誌も増えつつある），そのコンピュータと学内ＬＡＮでつながっている教員の個人研究室や学生控室のパソコンから，わざわざ図書館まで出かけなくても，それらの情報を自分の手元の画面に呼び出す（インターネット等を利用すれば，遠く離れた土地にあるキャンパスや教員や学生の自宅からでも，同様のサービスが受けられる）。

2）営業目的で，大型コンピュータに過去十年以上の全国の主要な新聞記事全部をデータとして入力している事業者に，あらかじめサービス利用手続きをして，そのコンピュータへのアクセスする権利を有している個人が，自宅のパソコンから，インターネットや一般電話回線を通じて接続し，その記事を呼び出し，検索した時間の長さや読み取った記事の量に応じて，所定の料金を支払う。これにより，図書館で縮刷版から必要な記事を探し出しコピーして，あらためて原稿の中に書き起こすという苦労をしなくても，簡単に，執筆中の論文などに，読み取った記事を引用文として組み込むことが可能になった。

b．電子メールの利用

九州の大学の研究者Ａと，北海道の大学の研究者Ｂが，共同で研究論文を執筆しているとしよう。まずＡが自分の担当部分をほぼ書き上げ，インターネットかパソコン通信を通じて，電子メールとしてＢに送る。Ｂは，メール画面でＡの原稿に目を通し，疑問や意見のコメントを加えた上で，自分の担当部分を折り返しＡ宛に電子メールとして送る。こういう作業を続けてゆくことで，二人の原稿は電子的データとして完成へと向かい，でき上がったものを出版社に渡すときには，フロッピーディスクあるいはメールの形で送れば，最近では，このようなデジタル原稿から版下を作成する出版社も多いから，その後の印刷等の工程も大変短縮されることになる。

手書き原稿でもＦＡＸを利用すれば，郵便に比べて往復時間の短縮は図れる

だろうが，枚数の多い原稿の送受信はたいへん面倒で，それほど能率的とは言えない。その点，電子メールを利用すれば，ほとんど紙を介在させることなく，「加工」が簡単に行え，この面でもメリットは大きい。

もし，この事例でのＡＢ両者が日本と英国に離れて在住しているとしても，まったく同じ形での作業が可能である。郵便を利用すると，往復には最低１週間かかり，ＦＡＸ利用の場合には，面倒な上に相当な電話料金を必要とすることを考えると，この電子メールの威力が想像できよう。また特に，日本と欧米諸国とでは，昼夜が逆になるような時差があるので，遠く離れて共同で仕事を進める上でもたいへん合理的である。

ｃ．ホームページの活用

インターネットへの関心の高まりや，その急速な普及は，このネットワークシステムが，何よりもホームページという全世界を相手とする情報の発信・受信拠点を，誰でも手軽に開設し運営することを可能にしたことであることは言うまでもない。

現在，国内外の大学や政府や自治体等の公的機関のほとんどがホームページを開設し，常に最新の統計資料を開示したり，それぞれの日常的活動をＰＲするなどし，また国境を越えてアクセスする人々の質問や要望の書き込みを，掲示板という機能で受け止め応答しており，これらを活用すれば，居ながらにして地球的規模での最新のかつ膨大な情報を自分のパソコン画面に取り込むことが可能である。この他，各種企業や個人のホームページも花盛りで，検索ソフトを媒介にしながら，政治・経済・文化・娯楽等あらゆるジャンルの多様なホームページにアクセスして（いわゆるネットサーフィン），従来のように，それぞれの専門雑誌等のマスメディアに依らずとも，さまざまな情報を入手することもできる。自分が開設したホームページの掲示板に，遠い国から反響が寄せられ，思いもかけない出会いを経験することも珍しくない。

このような通信ネットワークが，地震などの災害の際に，情報の伝達や必要な援助の連絡などの面で効力を発揮したことは，私たちの記憶に新しいことである。

⑵　障害者とコンピュータ

　コンピュータの特性の活用がもたらす意義の一つとして，極めて重要と思われるのが，障害者の学習や表現活動を支援するコンピュータの働きである。

　例えば現在では，視覚障害者が，点字で扱えるキーボードで入力したデータを音声として確認できるパソコンが開発されている。さらにそれでパソコン通信も可能なハードやソフトもあり，積極的なネットワーク活動を展開する人たちが全国で増えている。また，事故や進行性の疾病により，片手の小指の先だけとか，瞼の筋肉だけとかの，身体の極めて限られた部分だけに感覚が残っている人たちが，その残された運動可能な部分のかすかな動きを特殊なセンサーでキーボードに伝え，それで作動するパソコンを活用して，地球的規模で友人と交信し，著作活動を実践しているケースも着実に増えつつある。

　宇宙のビッグバン理論で注目されている，英国ケンブリッジ大学のホーキンス博士も，不自由な身体機能にフィットした入力機能を持ち，人工音声発生装置とも連動した特殊なコンピュータを駆使して，旺盛な執筆活動や世界中での講演を続けている。

　少し前までは，手足が不自由なために口に絵筆をくわえて美しい絵を描いたり，唯一動かせる片足の指に筆記用具をはさんで優れた詩を書いたりする人の姿が，ハンディを克服する障害者の希有な例として紹介されたものだが，そういう運動機能さえも持たない人々にとっては，社会的な活動のチャンスはほとんど閉ざされていた。

　しかし，前述のようなコンピュータの開発により，そういう人たちが表現手段を獲得し，いわゆる健常者と対等にあるいはそれ以上の社会的活躍をしていることは，すばらしいことだと思われる。これはひとえに，鉛筆や絵筆を扱うよりもずっと小さな力を電気信号として読み取り，それをコンピュータに伝えることのできる，電子のはたらきによるものである。肉体的な声を失っている人たちにとって，音声を人工的電子的に合成して操れるということのすばらしさは，われわれには想像ができないくらいかもしれない。そういうコンピュー

タで,グラフィックソフトを使えばカラフルな作画も可能であり,そうやって多彩な挿絵をそえた完成度の高い詩集を出版した,全身がほとんど麻痺している詩人もいるのである。

このように,困難を抱えるより多くの人々に,人間としての基本的な尊厳や可能性を保障してゆく手立てとしても,コンピュータ技術は大きな意味を持っている。重度の障害者の社会的活動を実現し保障し得るコンピュータの特質については,学校等での学習場面でしっかり伝えるべきであろう。

このような認識を含むことで,児童・生徒そして教師にとっても,コンピュータを考察する視点がより豊かなものになるのではないだろうか。

(3) コンピュータ社会の"光と影"について

インターネットの普及とともに,地球上どこからでも匿名で発信でき,瞬時に広範囲に情報を拡散できるというコンピュータ・ネットワークの特性を悪用した事件が多発し,個人および国内公共機関さらには国際社会全体への影響の危険さ深刻さが大きな問題となっている。ハッカーと呼ばれる個人や集団が,インターネット経由で政府機関や金融機関へ侵入してコンピュータ・システムを破壊したり重要データを改ざんしたりする事件も多い。最後まで自らの言動に責任を負う社会的抗議行動とはとても認められない,相手を傷つけることだけを目的とする,ネット上での誹謗中傷ビラまき的な行為なども後を絶たない。

ここでは,その詳細に立ち入らないが,この問題の深刻さは,その被害に遭う危険性については,家庭も学校も"聖域"ではないという点である。テレビ番組や出版物の悪影響については,かなりの程度物理的な排除や防備が可能であるが,コンピュータ・ネットワークを介しての不特定多数の発信源による"有害"情報への対処は極めて難しい。児童・生徒のパソコン使用を厳格な管理下におき,"無害"な情報だけへの限定したアクセス環境を整備することは不可能ではないだろうが,自由で伸びやかな情報活用能力の育成を目指す立場からは,大きく矛盾した対応となる。

教育現場で成し得る対応としては,次のような諸点について教師自身もしっ

かり自覚した上で，児童・生徒とともに絶えず確認する作業が求められる。

①個人の身体財産および尊厳を侵す行為そのものは，コンピュータ・テクノロジー以前の，人間の愚かさ醜さに由来するもので，基本的な規範意識や人権感覚が何よりも重要であること。これは，受信する情報の価値についての適正な判断力を自らの内にしっかり培う責任があることにも通じる。

②一方で，自由な表現や豊かな想像力を可能にもする，発信者の匿名性は，他方で無責任な言動につながる危険性が高く，自らが発信者となる場合には，人権感覚を軸とする倫理感覚に基づいた言動を厳格に心掛けること（このような行動規範を，ネチケット［＝ネット上のエチケット］とも言う）。

③さらに，公的機関が保持する多様な個人情報（プライバシー）や，厳格に保守管理されるべき軍事機密等を，デジタル化しネットワークに組み込むことで，社会システムの効率的な運営を目指す現代の情報社会化が，まさにそのオンライン性（極限すれば，すべての情報が電子技術で一元的につながること）という，従来にはなかった状況ゆえに，どこから誰でもそれらの情報にアクセスできるという可能性（＝危険性）に直面しているという事実をしっかり認識すること。

以上のようなコンピュータの特性と現状での進歩の状況，および認識すべき問題点について考えをめぐらせながら，その利用が「教育」の分野にどのような意味を持ち得るかを検討することが問われているのである。

3．コンピュータと学習指導要領

(1) 1989年改訂「学習指導要領」

1989（平成元）年に改訂された学習指導要領は，わが国の学校教育における情報学習にとって，画期的なものであり，発表当初には「コンピュータ指導要領」なるニックネームで呼ぶ人もいた。それは，この新しい学習指導要領が，小中高校のほとんど全部の教科にわたって，明らかにコンピュータの活用を前

提とした「情報の活用能力の育成」を重要な教育目標として掲げていることによる。具体的には，コンピュータそのものを授業で扱うことを定めた中学の「技術・家庭」，および高校「家庭」「農業」「工業」「商業」「水産」「看護」等の職業教科をはじめ，数学や理科はもちろん，社会科や外国語（英語）それに国語についてまで，上記のような「情報の活用能力」に関する文言が添えられ，指導要領を補足する『中学校指導書』や『高等学校指導要領解説』では，教師も生徒も，コンピュータをはじめとする情報機器類を，それぞれの教科の目的に適した形で活用することを求めている。

そして，学校図書館のあり方についても，従来のような活字書籍・資料中心の発想から脱皮して，映像・音声資料をも積極的に取り扱い，学習活動全体を支援する「情報センター」「メディア・センター」たるべきであることが強調されている。館蔵資料検索等も当然コンピュータを活用したシステムを構築すべきであるとしている。最新の情報関係用語がふんだんに出てくるこの文言からは，文部省の情報教育推進にかける並々ならぬ意欲が伝わってくるようである。

この指導要領の改訂作業とほぼ並行して進められた，教育職員免許法の改正において，大学における教員養成のための学部・学科・課程の必修科目として最低2単位の「教育方法や技術に関する科目」が法定された。この科目の性格として，文部省は「情報機器の活用に関する内容を含むこと」を要求している。

(2) 1999年改訂「学習指導要領」

十年後の1999（平成11）年に改訂された学習指導要領も，情報処理能力の育成を目指す学習を推進する方向を踏襲するとともに，この間に飛躍的に普及したインターネットを強く意識して，あらゆる教科科目について，「コンピュータや情報通信ネットワーク」の活用を求めている。

また，「コンピュータや情報通信ネットワークなどの活用を通して，情報を適切に収集・処理・発信するための基礎的な知識と技能を習得させるとともに，情報を主体的に活用しようとする態度を育てる」ことを目標に掲げる教科とし

て,「情報」を新設した。これは, 新たな教員免許教科としての「情報」が追加されることも意味するわけで, これについては, 2001（平成13）年度からの大学等での養成が予定されている。

この背景としては, 急速に進展してゆく情報社会化に, 学校教育も遅滞なく対応することを目指しての, 文部省による, 他省庁や民間企業と幅広く連携しての, 情報教育の環境整備の推進事業の展開がある。それらは,

- 各学校段階における, 生徒1〜2名に1台のパソコンの配備。
- コンピュータの活用や指導を担当し得る教員の研修の充実。（コンピュータを学習指導等に活用できる教員は全教員の22.3％［1998年3月現在］）
- 通産省と協力しての, 全国の小中高のモデル校でのインターネットの教育利用の先導的実践研究を目指す「100校プロジェクト」（1994〜1996）, および「新100校プロジェクト」（1997〜1999）。
- ＮＴＴと連携しての, 全国約1000校への, インターネット接続をはじめとするマルチメディアの教育利用の環境整備の支援を目的とする「こねっとプラン」（1996〜）。

等であり, さらには, 中高および特殊教育諸学校については2001（平成13）年度までを, 小学校については2003（平成15）年度までを目標として, すべての学校にインターネットを接続する（地方交付税等による）予算措置もとられ, その基盤づくりとして, 各地域の教育委員会所管の教育センターを結ぶ広域通信ネットワークの構築や, その運用効率を向上させるための専用回線の敷設計画も, 着々と進行している。

まさに, 学校現場の方が, この急速な状況の展開に追いつくのが大変という声もあるほどの, 目覚ましいばかりの行政主導の情報教育の環境整備である。

4．コンピュータの教育利用の領域と教師の役割

一般的に, コンピュータが（特に学校）教育に利用される場合, ＣＡＩおよびＣＭＩという二つの局面に分類される。

CAIとは，Computer Assisted Instruction［コンピュータにより支援される教育活動］の頭文字をとったものであり，CMIとは，Computer Managed Instruction［コンピュータの事務管理機能により支援される教育活動］の頭文字をとったものである。

　前者は，教師と児童・生徒が一緒になって学習活動を進める教室等の場面で，何らかの形でコンピュータを活用することを意味し，したがってコンピュータが前面に姿を現している。後者は，教師が，学習活動の過程や事後に，担当する個々の児童・生徒の進展やつまずきを把握したり，学級経営に関する事務的資料の整理にコンピュータを利用することを意味している。この場合には，コンピュータそのものは学習場面の前面には姿を現さないことが多い。

　それでは，この二つの局面について，さらに詳しく見てみよう。

(1)　CAI

1)　視聴覚機器的活用

　これは，OHP，スライドやテレビ，ビデオなどと同じように，児童・生徒の視聴覚，特に視覚に訴える教材提示の手段として，コンピュータを利用するものである。しかし，コンピュータの特性上，その機能は上記のものに比べてはるかに多様性を持っている。

　例えば，カラフルな映像で地形図を示し，それを角度や断面をいろいろと変えて提示したり，その地形の数億年にわたる形成のプロセスをシミュレートしたりなどと，教師や生徒たちの簡単な操作で，随意にさまざまに加工できるというコンピュータならではの特性がある。

　また，算数や数学で，図形やグラフに関する学習の際，黒板では表示が難しい複雑な曲線の動きなども，コンピュータなら簡単にシミュレートが可能であるし，理科の実験の説明でも，児童・生徒が実際に実験にとりかかる前に，コンピュータのシミュレーション画面で，危険をともなわずに失敗例なども含めて全体像をつかませる，というようなことも，コンピュータが得意とするところである。この場合も，ビデオと異なり，途中のどの映像部分へも瞬時に

フィードバックできて，しかもその部分を拡大したり角度をかえて見ることができる，というような"加工"機能が力を発揮する。

2) 児童・生徒の問題解決をサポートするものとして

これは，児童・生徒が一人1台ないし数人で1台のコンピュータを利用できる状況で，その授業の学習課題に関して，個人やグループの学習進度や問題意識や思考段階にそって，コンピュータのさまざまな機能を駆使し，マイペースで学習を進め，理解や認識を深めてゆくことを目指すものである。

この場合には，大きく分けて，次のような形態に分類できよう。

①ドリル：学習のステップを進めるため，基本的に習熟することが望まれる事柄について，個々の子どもが十分にそれらを獲得することができるように工夫された，反復練習などのプログラムを利用する。

②検索：個々の子どもやグループの，それぞれ固有の疑問や迷い・つまずき，あるいは派生的関心などに対応できるように，事典・辞書的情報などを整備したデータベースを使いやすい形で利用できる環境を用意しておく。この場合，学習の過程でのインターネットやパソコン通信の活用も，かなりの教育現場で実践されつつある（学校教育でのインターネットの利用については後述）。

③仮説・検証（問題解決）をサポートするものとして：ぶつかった問題に対する，子どもたちのさまざまな仮説を，彼らがそれぞれの思考過程に対応してシミュレートしながら検証し，試行錯誤を重ねながら結論を見通してゆけるようなプログラムを用意する。

そして，この①～③については，現場教師のプライベートな労作から，市販されているものまで，さまざまなソフトが存在している。

これまでの説明でも明らかなように，このCAIでは，コンピュータの役割は，何よりも児童・生徒の積極的な学習活動を引き出し支援することに重点がおかれている。その際，教室でのコンピュータの利用環境やソフトの整備，学習の流れのなかでのコンピュータへの接触のタイミング調整等，教師の裏方としての役割はたいへん重要であることを忘れてはならない。だからこそ，実際の学習場面では，教師はコンピュータほど前面に出ないことが多いともいえる。

(2) CMI

　クラス全員の学科試験の成績の集計整理や，試験問題や児童・生徒の家庭への連絡文の作成等のために，特にコンピュータを使っていると意識することなく，その計算機能や文書作成機能を活用するといったことは，今や学校現場では普通に行われている。

　最近では，それらに加えて，ＣＡＩとＣＭＩの中間に位置するようなコンピュータの利用や，通信機能に重点をおいた利用も盛んになりつつある。

1) 授業の分析／評価のツールとして

　教室でクラス全員が，一人１台のコンピュータの画面と対話する形で，英文のヒアリングや数学の問題など，一斉ないし個別の課題に取り組んでいるとしよう。その際，個々人の進度やつまずき，クラス全体の誤答傾向などの学習状況を，教卓に設置したマスターコンピュータで刻々と把握し，必要があれば，個々の生徒の画面に個別にヒントを送ったりする。そして，授業後，マスターコンピュータで記録したデータを教員用のコンピュータルームに持ち帰り，時間をかけて個々の生徒の学習活動を分析し，次回の授業時の指導計画の指針とする。これを支援するハードやソフトも開発・普及が進みつつある。

2) 通信機能／インターネットの活用

《地域ネットワーク》

　ある市の例だが，教育委員会所管の教育センターに設置した大型コンピュータと，市内の30校ほどの市立小中学校のコンピュータを電話回線でつないでネットワークを形成し，大型コンピュータに専門家により各種の教育用データベース（例えば，その市の歴史や地場産業に関する資料，あるいは算数や数学の学力不振児用の治療プログラム，等）を入力して，各学校からのオンラインでのデータ検索や資料請求に対応している。各学校現場では，統計数値などの最新のデータやその他の資料などを，学習計画や課題に合わせて必要に応じて電子メールの形で入手することができるわけである。このようなケースは各地で増えつつある。

《広域ネットワーク》

コンピュータ通信ネットワークの特性を活かして，独自の教育活動を積極的に展開している例として，次のようなものもある。

各府県に1校あるかないかで，しかもその性格上同じ県内の他校と共通性を持ちにくい水産高校が，全国ネットを形成し，共通の問題に関する意見・情報交換を行い，航海実習で，パソコン通信の画面でしか知らなかった遠く離れた相手校を訪ねてゆくなどの，さまざまな交流を行っているケース。

沖縄や岩手などにおいて，島や交通不便な僻地に分散している県内の高校全部を結ぶネットワークで，時間的空間的疎外感を解消することを目指すケース。

研修で知り合った理科教師たちが，県内全域の理科教育研究ネットを作り，それぞれの教師が開発した授業プログラムなどをオンラインで交換し，実際に他人のプログラムを授業で使ってみての批評をしあう，というケース。

何かと多忙な現場教師にとって，時間や空間の束縛を越えて，教師集団としての幅広い交流の機会を獲得することはたいへん重要であり，その点でも，このようなコンピュータ通信の活用は極めて有効であろう。

《インターネットの活用》

児童・生徒の学習に適したホームページのガイドとして，「高度情報映像センター」（AVCC，文部省と労働省の共同管理）が開設している子ども向けサイト『ぱぴるす』がある。ここでは，各分野の公立博物館などが開設している，子どもたちの興味関心に応え主体的な幅広い学習を支援することを目指す多様なホームページが紹介されている。

また，地域の例としては，南関東の七つの科学系博物館が共同で開設しているサイト『みなかん』があり，子どもたちの科学学習の広まり深まりに意欲を燃やす担当者の熱意にも支えられ，クイズコーナーをはじめとする，魅力的な構成が，大きな人気を呼んでいる。

さらには，東京都港区飯倉小学校のように，学校独自で子どもたちのための学習ホームページ・ガイド『たのしく学ぼう』を開設しているケースもある。

このような事例は，これからますます増えていくであろうし，何よりも便利

なのは，インターネット経由で，これらにどこからでもすぐにアクセスできるわけで，児童・生徒と一緒になっての，教師たちの活用も望まれる。

※『ぱぴるす』　　　：http://www.avcc.or.jp/papyrus/index.html
　『みなかん』　　　：http://www.minakan.org/
　『たのしく学ぼう』：http://www4.justnet.ne.jp/^iigurai/gakusyurink.html

(古屋野素材)

〈参考文献等〉

　われわれが利用し得るコンピュータの技術的性能は日々進化し，それと連動するソフトの開発も止まるところを知らない状況が続いているため，ある技術水準を前提とする文献資料はどんどん過去のものとなり，中長期的な"基本的参考文献"と指定・推薦するのは不可能とさえ言えよう。

　このことは，"コンピュータと教育"の領域においても同様であるが，全国のさまざまな学校で，意欲的に取り組まれている"情報活用教育"の実践例については，最近ではいろいろな教育系の雑誌が紹介しているので，それらを参考にできよう。その他，雑誌『ＡＳＡＨＩパソコン』(朝日新聞社，毎月2回発行)が創刊以来，「教育」というコラムで，短い記事ながら教育現場でのコンピュータの活用事例を地道に追っていて，400近いバックナンバーも通覧すれば，ここ十数年の教育とコンピュータの関わりの動向が把握できる。ちなみに，「教育」コラムは毎号，「バリアフリー」というコラムと見開きないし上下に組まれていて，こちらも創刊以来，本章でも触れたような，コンピュータ・テクノロジーの活用による障害者の社会的自立の支援の動向が丹念にフォローされていて，特殊教育諸学校に関してはここで触れられることが多くもあり，大変参考になると思われる。

　なお，政府のＩＴ活用を核とする教育改革推進事業の一環として，国立教育政策研究所が開発・運営に当たっている教育総合サイト「教育情報ナショナルセンター(略称：ＮＩＣＥＲ)」が平成15年度から本格的に稼働し，我が国の教育の最新の動向を把握し得る充実したリソースとなりつつある。特に，小中高校でのＩＴを活用した各教科の授業実践例が授業風景の動画でも閲覧できる立体的なコンテンツは，参考になろう。(http://www.nicer.go.jp/)

　また，教員個人が自らのホームページで実践記録を公開・発信するケースも飛躍的に増えつつあるが，特に，平成15年度から必修教科となった高校「情報」担当の教員個々人やグループによるホームページは，学習対象として情報社会の諸問題や技術的課題を扱うにあたっての模索や工夫に満ちていて，現代の教育を考察する上で示唆に富むものも多い。

　いずれにしても，今やインターネット時代である。読者自ら，知的資源の宝庫としてのホームページの森に分け入り，自分に必要な情報を探索していただきたい。

8章　学習障害（LD）の理解と指導

1．学習障害（LD）の概念

　教室にはさまざまな特性を持った子どもたちがいる。個に応じた教育を重視しようという最近の流れのなかで，画一的な教育目標・教育内容のもと，クラス全体が同一のペースで学習していく傾向に傾き過ぎた教育方法に対する反省がなされつつある。クラスにおいて個人に注目し，多様な軸で個を理解しようとする方向は，子ども中心の学校づくりに通じるものとして評価できよう。

　特殊教育との関連でいえば，養護学校教育の義務化（1979年）が果たされ，また統合教育の考え方が浸透するに及んで，普通学級でも心身の発達に大小さまざまな問題を抱える子どもたちが学習するようになった。個性を重視する教育は，担任する教師にそのような子どもたちに対する理解と専門的な知識をこれまでにも増して要求するようになった。そして授業が個々の子どもたちにおいても成立しているか，教えることが子どもの発達や知的基礎の形成に短期的，長期的につながっているかという，教職に関わる仕事の最も根本的な部分でも一人一人の教師の力量が問われている。

　もちろん対象が子どもであるとはいっても，人間を理解することはやはり難しい。ましてこちらにその子を理解する枠組みがなければなおさらである。例えば，次のような子どもをあなたはどう理解するだろうか。

(1)　A君の事例

　A君（男子）がやって来たのは小学校2年生のときだった。付き添ってきたお母さんの訴え（主訴）では，「友だち関係がうまくいかない。情緒的に不安定。

字を書くのが下手で，ぐちゃぐちゃになる」ということだった。これまでの経過を聞くと，「落ち着きがなく，注意集中に欠け，集団行動ができない。勉強の面では，作文は句読点や漢字がきちんと書けない。文が短く，内容が幼い。図工では工作は問題ないが，絵になると描きたいと思うのだけれどどうしていいかわからない。先生がつきっきりで補助してやるとようやく何か描くことができる。夏休みの絵日記がどうしても書けなかった」などのエピソードが浮かび上がってきた。

さらに筆者が，いろいろな課題を一緒に行いながら観察を重ねていくうちに，ゲームなどの遊び場面ではルールを守れなかったり，自分本意に解釈したりする。絵を描くことについては絵描き歌のように形が決まっているものでもうまく描けないし，歌に合わせることもうまくいかない。書くことに関しては，漢字の書取りではあまりまちがえないで書けるのに，文章を書くときにはほとんど漢字を書かない。丁寧に書こうとするときがある半面，ぞんざいに書きなぐることが多い，などの特徴が，断片的ではあるが，見えてきた。

Ａ君に初めて会ったときの印象は，話し方は幼い感じがするものの話の受け応えにはあまり問題は感じられない普通の男の子，というものだった。普通の子ということであれば，書ける（書取り）はずの漢字を書かなかったり（作文），丁寧に書けるところを書きなぐったりすることは，気を抜いているとか，怠けている，努力が足りないという見方に傾きがちである。しかし決してそうではないのである。

また小さい子はたとえ下手でも絵を描くのが好きなものだという先入観からすれば，絵が描けない，描こうとしない子どもは理解し難い存在ということになろうか。絵が描けないことは文字による表現に接して間もない低学年児童にとって不利なことであるに違いない。またきまった図形が描けないことや歌と動作が合わないことも，不器用といえばそれまでなのだが，やはり「普通の子」という印象とのくいちがいから，なんとしても不思議な感じがぬぐいきれないのである。

教室で授業に集中できないことは低学年であっても問題とされるだろうし，

また集団生活を基本とする学校の中にあって、集団のルールに気づき、それを身につけ、守っていくことは、教師を含む学級集団に適応していく条件であろう。低学年の子どもであれば、個人差もあることだからいずれもまだ深刻な問題とはならないかもしれないが、高学年になるにしたがって、不適応を起こすもとにもなっていくことが予想される。

(2) 学習障害（ＬＤ）の定義

教室で問題とされる行動をする子どもの中に、学習障害（Learning Disabilities：ＬＤ）と呼ばれる子どもたちが含まれている。ＬＤ児は全般的な知能では遅れはないが、読めない、書けない、計算ができない、また運動がぎこちない、友だちづきあいがうまくいかないなど、教室での学習や適応に必要な能力の特定の部分に問題を抱える子どもである。

Ａ君は最終的に診断が確定したわけではないが、非言語性ＬＤの疑いがあり、少なくとも教室ではＬＤ児と同様の対応をすることが望ましいと考えられる子どもである。

ＬＤに関してはさまざまな定義の試みがあり、専門家の間でも意見の一致が必ずしも見られないが、文部省初等中等教育局長の諮問機関である「学習障害及びこれに類似する学習上の困難を有する児童・生徒の指導方法に関する調査研究協力者会議」では、最近以下のような定義を提出している。

「学習障害とは、基本的には全般的な知的発達に遅れはないが、聞く、話す、読む、書く、計算する又は推論する能力のうち特定のものの習得と使用に著しい困難を示す様々な障害を指すものである。

学習障害は、その原因として、中枢神経に何らかの機能障害があると推定されるが、視覚障害、聴覚障害、知的障害、情緒障害などの障害や、環境的な原因が直接の原因となるものではない。」（「学習障害児に対する指導について（報告）」1999年7月）。

(3) 学習障害（LD）児の行動特徴

　LD児は個々にその抱える問題が異なるため，その特徴を一言で述べることは難しい。そこで日頃の子どもの観察を基礎として，クラスで気になる子どもの中からLDの疑いのある子どもを見分けるためにつくられた教師用のスクリーニング・テスト（森永良子・隠岐忠彦／原著H. R. マイクルバスト『PRS LD児診断のためのスクリーニング・テスト』1992，文教資料協会）の項目を見てみることにする。

　もちろんこれらの項目のいくつかに該当するからといってすぐLDと決めつけてはならない。あくまでLD児に特徴的な行動の一端を知る目的で見てもらいたい。ここに挙げた項目はそれぞれの内容で最も問題が大きいとされる選択肢である。

「聴覚的理解と記憶」
- 同学年の子どもと比べて，単語の理解力がとても未熟である（単語の意味を理解する力）
- 指示に従うことができず，そのつどまごつく（指示にしたがう能力）
- クラスでの話し合いについていけず，また理解することもできない（いつも注意がそれている）（クラス（集団の中）での話し合いを理解する能力）
- ほとんどの場合思い出せない（記憶力が貧弱である）（情報を記憶する能力）

「話しことば」
- 同学年の子どもと比べて，いつも幼稚なことばを使い，ことばの数も少ない（語彙）
- 助詞の「て・に・を・は」や，現在・過去などが明確でない話し方をする（文法）
- 場面にあった的確なことばを思い出すことができない（ことばを思い出す能力）
- 人が聞いてわかるように話をすることができない（経験を話す能力）

- 個々の事実を関係づけて述べることができない（考えを表現する能力）

「オリエンテーション」
- 時間の意味そのものがわからず，いつも遅れたり，まごついたりする（時間の判断）
- 方向感覚が悪く，学校（園），校庭，隣近所でいつも迷ってしまう（土地感覚）
- （大―小，遠―近，重―軽などについて）いつも不適切な判断をする（関係の判断）
- 非常にまごつく（左右や東西南北などがわからない）（位置感覚）

「運動能力」
- （歩く，走る，とび跳ねる，登るなどの）動作がとても不器用である（一般的な運動）
- （平衡感覚）バランスをとるのがとても不器用である（バランス）
- （はさみを使う，ボタンをかける，書く，ボールをつかむなど）手先がとても不器用である（手先の器用さ）

「社会的行動」
- いつもクラスを乱している（協調性）
- まったく注意を集中することができない（注意力）
- 仕事の手順が理解できない（手はずを整える能力）
- （誕生日会，お楽しみ会，遠足，日課の変化など）新しい状況では興奮しやすく，適応できない（新しい状況に適応する能力）
- 友だちから仲間に入れてもらえない（社会からの受け入れ）
- まったく責任をとろうとしない（責任感）
- （宿題，約束ごと，皆で決めたことなどを）指導しても，やり遂げることができない（課題を理解し処理する能力）
- 人の気持ちを理解できず，いつも粗野な行動をとる（心遣い）

　学習障害（LD）という用語はあくまで専門用語であり，一般的なことばの意味の範囲の広さに惑わされてはならない。LDの他にも学習に問題をもたら

す障害が数多く存在するからである。学業の不振をもたらすものとして，全般的な知能の遅れによる境界線児，また対人的な面での問題では，自閉症の子どもにも似通った行動，症状のものがある。さらに，それらすべてを包括する学習困難（Learning Difficulties），能力から期待されるものに比べて低い成績の学業不振（Underachiever），境界線知能のために成績が振るわない学習遅進（Slow Learner）などの概念は，適切な対応をするためにぜひ区別しておかなければならない。

2．学習障害（ＬＤ）の要因と理解

(1) 学習障害（ＬＤ）の原因

　ＬＤの原因はその定義同様専門家の間で必ずしも意見が一致しているわけではないが，先に挙げた定義に見られるように，子ども自身に内在する要因，すなわち中枢神経系の機能障害によると考えられている。今日のＬＤ概念に至る変遷を考えるとき，まず初めに医学の分野で，そのような子どもが読字障害や書字障害などといった脳機能に障害を持つ大人と同様の症状を示すことからＬＤ児にも脳機能の障害の疑いがもたれた。ただし神経学的な所見が必ずしも伴わない場合があるため，発見が容易でない微細な脳の障害ということで，ＭＢＤすなわち微細脳損傷（Minimal Brain Damage），後に微細脳機能障害（Minimal Brain Dysfunction）という概念が提唱された。しかし医学的な解明は必ずしも進まず，障害部位の発見・特定も難しいため，むしろその後の治療教育的フォローを強く意識したＬＤという心理・教育的な呼び名が現在では一般的となった。

(2) 認知過程のモデル

　ところで中枢神経系は，外界から感覚器官を通して入ってくる情報を認識し，一時的に保持し，既有のさまざまな記憶情報を用いて適切に処理し，運動器官

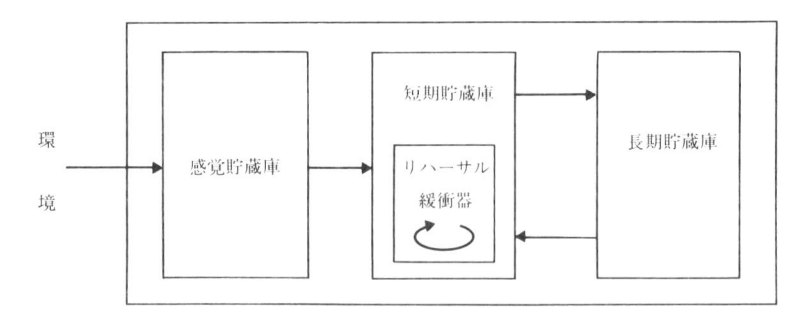

図1　アトキンソンとシフリンの記憶のモデル
（G.R.ロフタス・E.F.ロフタス，大村彰道訳『人間の記憶―認知心理学入門』1980，東京大学出版会より一部改変）

を通して出力するという機能を司る。したがってこの認知過程の一部の機能に障害をきたすことによって，特定の認知的処理がうまく行われなくなった状態がLDであるとの解釈がなされうる。

　認知過程とは何か，ここでは詳細に説明する余裕はないが，例えば次のようなものである。図1に示したものは記憶に関するアトキンソンとシフリンのモデルの概要である。人間がある種の課題をこなすとき，それが認知的な課題であるならば必ずここでモデル化されている記憶情報の処理過程を経ることになる。例えば，コンピュータの画面に二つのアルファベット（例：Ａａ）を提示し，その形が等しいかどうかについて「はい」「いいえ」の判断をさせる（例の場合，いいえ）課題と，同じ二つの文字についてその読みが同じかどうかの判断をさせる（例の場合，はい）課題を与えると，読みの課題の方が回答までの時間がより多くかかるという研究がある。この反応時間の差は，文字にその読みを照合する過程，すなわち先のモデルに従っていえば長期記憶内に貯蔵されている記憶情報を探索するという認知過程が存在することを示唆している。

　発達臨床に関わる分野において，例えばカークは治療教育の指針を与えるような知的過程のモデルをもとに，そのどこにどのような問題を抱えているのかを明らかにするような検査の開発を目指して，ＩＴＰＡ検査を作成した。例えば会話のような言語的活動は，まず聴覚的に提示された言語シンボル（話しこ

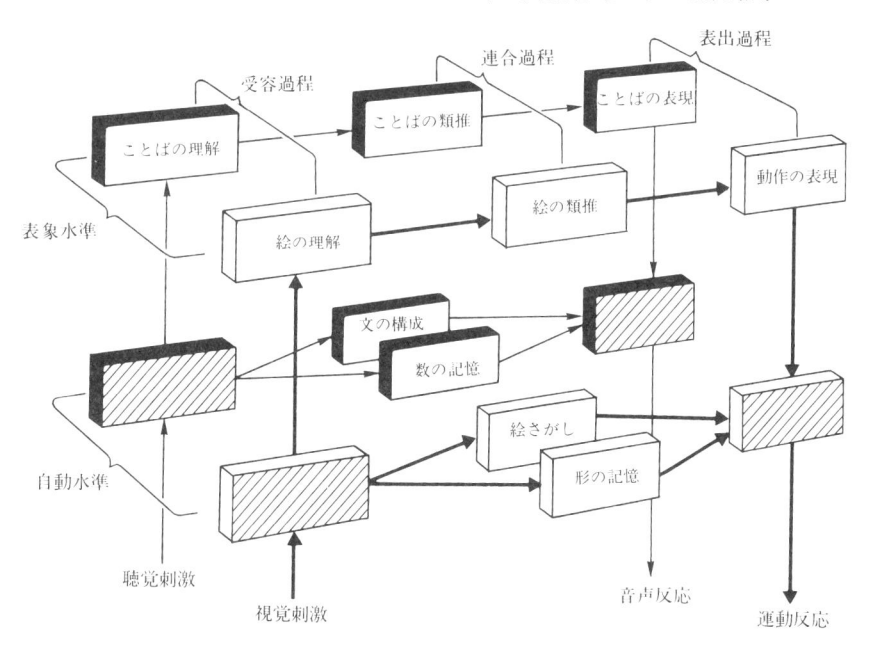

8章　学習障害（LD）の理解と指導　111

図2　ＩＴＰＡの認知過程のモデルと対応する下位検査
（旭出学園教育研究所（三木安正他）／原著Ｓ.Ａ.カーク他『ＩＴＰＡ言語学習能力診断検査手引』1976，日本文化科学社より）

とば）から意味を抽出（聴覚受容）し，ことばで提示された概念を関係づけ（聴覚連合），音声によって概念を表現する（言語表出）過程によって構成されている（図2）と考えられている。そして，それぞれの要素的過程に対応した下位検査（「ことばの理解」「ことばの類推」「ことばの表現」）が用意され，個々の子どもの認知プロセスのプロフィールを詳細に把握することができるようになっている。また，このモデルでは同じ聴覚的言語刺激に対しても「数の記憶」など，かなり自動化された水準の行動があること，さらに聴覚的刺激―音声反応の回路の他に，視覚刺激―運動反応をはじめとする情報処理の回路があることも想定されている。

　以上のようなモデルにしてもごく大づかみなものにすぎず，ＬＤの精密な理解を支えるほどのものではない。しかし，これらのモデルを通して，人間の行

動が一連の要素的な過程によって構成された全体であり，きわめて巧妙な仕組みによって支えられていることをうかがい知ることができる。

(3) 学習障害（LD）のサブタイプ

認知過程のどこにどのような障害を抱えるかによって当然LDの症状は変わってくる。またLDは症候群であるといわれるように，単一の障害だけではなく複数の障害が組み合わさったものも少なくない。もう少し詳しくLDのさまざまなタイプについてみてみよう。

LDは，まず，読み，書き，計算など，ことばに障害のある言語性LDと空間認知，運動協応，社会的認知などに障害のある非言語性LDに下位分類することができる（ジョンソン・マイクルバスト，文献参照）。さらに例えば言語性LDは大きく聴覚性言語の障害，視覚性言語の障害に分けられ，それぞれをさらに細分化することができる。「読み」に問題を抱える子どもであっても，文字を視覚的に区別できない，判別に時間がかかる，視覚的なことばと意味を結び付けることが困難など，視覚的学習過程に問題がある視覚性読み障害と，文字を見て音に変換することに困難があるなど，聴覚的学習過程に問題がある聴覚性読み障害とが区別される。

紺野の挙げる症例によれば（紺野道子「言語性LDのサブタイプについて」1994,『LD（学習障害）研究と実践』第3巻），視覚性読み障害の子ども（小学校5年生，男子）は，話を聞いて理解し記憶する能力は年齢相応だが，黙読では文章を理解することができず，同じ文章を声を出して音読し，それを耳で聞くことによってはじめて意味を取ることができたという。一方，聴覚性読み障害の子ども（小学校2年生，男子）は，文章を読むとき，拾い読みになったり，文字を音に変換することに困難を生じ，しばしば読み方をまちがえて混乱する様子が観察されている。

このように同じLDといっても症状の違う子どもには，当然治療教育において異なる対応が必要となる。それを念頭において，次に指導の原則について考えてみよう。

3. 指導をどう進めるか

　中枢神経系に原因があると推定されていても，それがどこかを特定することはもちろん，それをどうやって治療するかが必ずしも明らかでない以上，LD児への対応は教育的対応が主となる。しかし，率直に言ってLDの治療教育の方法・内容は，ともに現在の段階では十分に確立されているとはいえない。理論と実践に関する知識が次第に蓄積されつつある（上野・牟田および上野他（編），文献参照）とはいえ，今のところさまざまな立場の人々が手探りで努力しているという状態だといえよう。

(1) 個別的対応の可能性

　LD児への対応は基本的に子ども個々人に即した指導計画が立てられるべきだと考えられている。個別教育プログラム（Individualized Education Program）と呼ばれるものがそれである。LD教育の先進国アメリカでは，州によって制度は異なるが，子どもが障害を持つと認定された場合，その子ども個人の教育計画を作成する委員会が構成される。委員会のメンバーには，学校の管理職，担任教師，学校心理士，特殊教育担当教師，子どもの障害を評価したメンバーの一人，そして少なくとも片方の親，可能ならば子ども本人などが含まれる。委員会では個々の子どものニーズに基づき，子どもの現在の学習の状況，短期的・長期的教育目標，子どもに必要な特殊教育サービスの提示と普通学級の授業に参加できる度合，サービスの開始時期と継続期間の予定，プログラムの効果と子どもの学習の到達度に関する評価の予定などを内容とする教育計画が作成され，フォローアップする体制が取られる。

　実際にLD児の教育を支えるのは各学校に設置されたリソース・ルームと呼ばれる特別教室である。そこには専任の教師が配置され，LDに限らずさまざまな教育的ニーズを持った子どもたちのために必要な設備や教材が整備されている。子どもたちは普通学級で学びながら，その子どもに応じた時間，科目に

ついてリソースルームに通ってきて個別の指導を受けることができるのである。

　日本の教育制度の中ではこのような個人レベルでの対応はまだまだ難しいが，現時点での最良の教育が探られるべきである点に変わりはない。日本の教育制度の中でも特殊学級が設置されているが，現状では従来に比べて小規模化し，より障害の重い子どもの割合が高まったと言われる。そのような学級に在籍することがLDのような子どもたちに適しているとは必ずしも言えないが，一方，普通学級でいたずらにお荷物扱いされ，LD本来の行動上，学習上の困難に加えて自信喪失などからくる二次的な不適応を引き起こすこともまた大きな問題である。

　現在のところ，指導形態として最も可能性のあるのは「通級」であるとされている。通級による指導の実態の全容は必ずしも明らかではないが，普通学級に在籍する子どもが，個別のニーズに応じて言語障害児学級，難聴児学級，精神遅滞児学級，情緒障害児学級で指導を受けており，自校に特殊学級がない場合は他校に通級するケースもある。逆に特殊学級に在籍する子どもが普通学級に通級するケースも少なからず見られる。しかし，いずれかの学級に籍をおかなければならない現行制度のもとでのこのような対応には自ずと限界がある。通級に関する文部省の調査研究協力者会議のまとめも出されているが，今後この面での制度の改善が望まれるところである。

(2) 普通学級での対応

　現状に目を向けると，LDないしその疑いのある子どものうち，小学校で約75％，中学校では約82％の子どもたちが普通学級で学んでいる（学習障害児・者親の会連絡会，1991年の調査）。したがって普通学級で他の児童・生徒とともにLDの子どもたちを指導する一般の担任教師の責任は重く，困難も大きい。そのような教師にとっての課題は何であろうか。

　何よりもまず問題を抱える子どもの中からLD児を早期に発見することである。そのためには教師によるスクリーニング・テストなどを活用し，後述するように親と連携して専門機関等への相談を行うことである。LDと診断が確定

した後，また確定しなくても，ＬＤ児同様の対応が望ましいとなった場合には，専門機関の助言を得て，教室での対応が始まる。

　ＬＤ児は他の多くの子どもたちと違う面を持っている。学習や友だちとの関係の中で多くの失敗の経験を持ち，その結果自信を失い，疎外感を抱いていることが多い。それが高じて二次的な不適応に陥ることのないように配慮することがまず重要である。ＬＤの子どもの特性を逸脱や異常として見るのではなく，その子どもの特徴，個性なのだと見ることができるかどうかが教師の力量にかかっているということである。その子どもの得意とするところを見つけること，勉強に限らず，いろいろな側面からの評価の軸を持ち，長所を大いにほめ，伸ばすことが必要である。そのようにすることでクラスの中にその子どもを位置づけ，他の子どもたちの理解を深め，温かく受容的な雰囲気のクラスづくりをまず目指すことである。

学習上の問題への対応

　学習指導の上で重要なことは，子どもの不得意な部分への対応がいわゆる対症療法的になってはならないことである。例えば音読ができないからといって，何回も繰り返し読ませるばかりでは改善に結びつかないことがあるということである。不得意な部分に対しても豊かな教育的刺激を与えることは心がけなければならないが，子どもが抱える問題の本質は何かについての考慮をまず優先すべきである。そのように考えることはまた，教師にとって教えることの意味を問い直す契機ともなるのではなかろうか。

　ＬＤ児への対応のなかで，例えばワープロの使用が望ましい場合がある（森永・上村，文献参照）。表出性言語に問題を抱える子ども，特に書字困難と呼ばれる子どもの場合，いくら漢字の練習をさせてもなかなか身につかない。そのような子どもに書くことの努力を強いて自信を失わせてはならない。せっかく表現する内容をもっているのに，ただ書くことの困難によって書けないだけなのだから，書く手段を与えることによって表現の機会を与えてやることの方が大切である。漢字の練習は繰り返しやらないとなかなか身につかぬとはいえ，昨今では大人も仕事の上でワープロを使うことは珍しくなくなりつつある。し

たがって正しい漢字を見分けることができるのならば，漢字を書くためにワープロを使うことは，実生活上何の問題もないのではなかろうか。

しかし文字指導は国語の中で中心的な課題の一つである。その中に他の子どもとは異なる指導原理を持ち込むことは教師にとって易しいことではないだろう。新しい指導法や教具を教室に持ち込むことに対しても一般に教師は保守的であるように思われるが，その理由の一つは，教師が暗黙のうちに前提としている教育に対する考え方，例えば外部の助けに頼らず，自分自身でなんでもできるようになることが望ましいといった価値観に合わないからであろう。同様のことは算数についてもいえるだろう。簡単な計算をするときに指を使うことはできるだけ避けて暗算するように指導されるが，筆算も紙に繰り上がり繰り下がりの数字を書くことによって計算過程を支援しているのだと考えれば，必ず頭の中で数を操らなければならないと考える必要はないのではなかろうか。一時的に情報を保持する過程に問題を抱えている子どもに，計算過程でかかる記憶の負荷を軽減してやることが，ひいては数学的な概念を獲得させることにつながるのであれば，電卓などの道具の利用を含めてあらゆる手段を積極的に利用するべきである。唯一最適な方法などはないのであって，柔軟な対応を考えるべきである。

行動上の問題への対応

社会的行動や対人的スキルに問題を抱える子どもや，多動，注意集中困難の傾向を示す子どもへの対応は，集団への適応が強く求められる日本の教室においてはさらに注意を要する。多動傾向のある子どもであっても，例えば1年生に入学したての頃には大目に見られることもあろうが，学校生活が進むにしたがって，整理整頓，きちんとした行動など，規律正しい行動が求められるようになる。また教師に言われなくても求められている行動を読んで，自発的に振る舞うことができる子どもほど，教師にとっては好ましい存在とうつるだろう。LDの子どもたちの中には高学年になってもそのようなことを苦手とする子どもたちがいるのである。教師にとっては，そのようなLD児に対してだらしないとかクラスを乱すとかいった見方からいかに脱却できるかが問題である。

子ども集団の中でのLDの子どもたちの位置も気になるところである。教師が取り仕切る授業の空間とは別に子ども同士の関係があり，一種の社会生活が営まれている。社会的行動や対人的スキルに問題を抱える子どもにとっては子ども集団の中で居場所を見つけることは難しいだろう。子ども同士の問題だけに，大人である教師が介入しにくいところである。そのような子どもには，集団に入っていけるよう，ルールや約束を守るといったスキルの獲得を促してやることが必要になろう。

教室の環境を整えることも問題となることがある。教室環境は，子どもの作品の展示や掲示物など，教育的刺激をできるだけ豊かにするように工夫されるが，注意集中に問題を抱える子どもにとってはそれが刺激過剰となって逆に落ちつきがなくなることがある。教室のすべての子どもにとって最適な環境を整えることは困難であろう。その場合に誰のどのような事情を優先させるかについて再検討することはあってしかるべきだと思われる。

4．学校と専門機関の関係について

(1) 専門機関の仕事

LD児の診断は専門の機関とそのスタッフによらなければならない。そのような機関は，必ずしも整備されているとはいえないが，地域の教育センター，児童相談所，さらに専門の病院・大学などである。

そのうち医師の診断は，詳細な家族歴，既往歴の聴取，脳波検査，CTなどの神経学的検査などに基づく。精細な検査によってもLDの原因と目される脳機能障害を特定することは困難な場合があり，神経学的なさまざまな微かな徴候を総合して推定するにとどまることも少なくない。また運動障害，感覚器官の障害，自閉性障害などのLDの周辺にある障害の可能性についての検討も，以後の適切な処遇のためにはぜひ必要である。

発達臨床心理学の専門家による心理・教育学的診断は，問題を持つ子どもの

特性を明らかにし，それに対応する方法を考えることを目的として行われる。これはその後の治療教育的対応を企画する上で，医学的な診断にも増して重要なものである。まず何よりも重要なのは子ども本人の行動観察である。子どもの行動はその場の状況に応じて大きく変化するものであり，どのような場所で，誰と一緒にいるかによって，見せる側面は違ってくる。その点で，日常子どもとともに過ごしている親や教師は，行動観察上最も有利な立場にいると言えよう。

しかし，専門家の視点の中でしか見えてこないこともあるのもまた事実である。専門家の観察は，遊び，運動能力，指先の協応運動，多動性・集中困難・執着・保続などの行動特性，対人関係，言語的なコミュニケーション能力，積み木・パズルなどの視覚的能力，音楽のリズム・メロディーなどの聴覚的能力，指しゃぶり・つめかみなどの問題行動等についてなされる。また現在の状況に至る過去の発達的な問題や変化をとらえるため，周生期から新生児期，乳児期，幼児期，児童期，思春期と，詳細に聴取した生育歴も重要である。これらの生育歴は，子どもたちの現在が統合の過程にあるのか，これからさらに複雑さ，困難さを増していくのかなど，今後を考える上でも大切な情報となる。そして各種の心理検査は，行動観察や生育歴から得た情報に基づく診断仮説の裏づけ，または確証を得る上で欠かせないものである。通常，心理検査は個々人に対して適切ないくつかのものが組み合わされて行われる。それはそれぞれの検査が捕捉できる心理的な側面はごく限られているという事情による。このことはまた検査結果のみに振り回されず，専門家として子どもを一人の人間として全体的に観察することを基本とするべきだという考え方にもよっている。よく用いられるのは，WISC-III，田中ビネーなどの総合的な知能検査，人物画検査，ベンダーゲシュタルト検査をはじめとする視覚認知および視覚・運動協応検査，標準化された学力検査，読書力検査などである。これらは個別検査であり，正確な実施のためには専門的な研修を必要とする。

治療および治療教育の側面では，行動面のコントロール，特に多動・注意集中の障害の場合に医師による薬剤の投与が効果をもたらすこともある。また，

さまざまな障害と治療の理論に基づく各種の知覚訓練プログラムも試みられている。しかし，前に述べた通り，発達臨床および治療教育の専門家，そして本人と親，教師を含むグループによる個別教育プログラムに基づく対応が基本である。子ども本人をとりまくさまざまな人々による息の長い働きかけによる方法が最善の対応であるといえよう。その意味で，日常的に接している親や教師が治療教育における主役なのであり，両者の連携こそがまず第一に必要であると考えられる。

(2) 親と教師の連携

しかし親が専門機関に相談する場合，必ずしも教師と密接に連絡をとっているとは限らない。発達上の問題を抱えることが公になることへの抵抗感，特別視されることで不利益を被るのではないか，特にクラスの子どもたちにいじめられはしないかとの不安感がそうさせるのであろう。また親自身が自分のしつけや教育が間違っていたのではないかと自責の念にかられることも他人に知られたがらない理由かもしれない。誤解に基づくこととはいえ，個人の感情としては理解できないわけではない。

また一方，教師がそのような子どもたちに接して最初に感じるのも，自分の教え方が悪いのではないか，教える努力が足りないのではないかといった自責の念である。そしてその裏がえしとして，子どもの努力が足りないのではないか，親のしつけが悪いのではないかといった本人や親を責める気持ちとなる。これも誤解に基づくものだが，努力が足りないといって，例えば漢字が書けなければ漢字の練習をさせるといった対処的な対応になるのは不適切なやり方である。また長い目で見るとばかりに，もっと努力すればそのうちにという考え方が早期の対応の機会を失わせ，不必要な二次的問題を引き起こすことにもつながりかねない。教室のことはすべて教師の問題であるとして囲いこまず，思い当たることがあれば，早期に，身近にいる知識のある教師や専門の指導者にたずねたり，親を通じて専門機関への相談をしたりすることが大切である。

診断の確定はあくまで問題の所在とその後の専門的対応および家庭や教室で

の処遇の方針を得ることであり，いわば治療教育のスタートラインに立つことにほかならない。決して子どもに障害のレッテルをはり，教育的対応を放棄する口実を得ることではない。

何事も子どもの利益を第一に考えることであり，それを結び目として親，教師，専門機関の連携をうち立てるべきである。同時に専門家グループの一員として教師の側でもLDに対する理解を深めることが肝要である。

《特別支援教育に向けて》

2003年に文部科学省が公表した「今後の特別支援教育の在り方について（最終報告）」では，LD（学習障害）をはじめとする特別な教育的ニーズをもつ子どもたちへの対応が大きく変貌する方向性が示された。その背景としてLD（学習障害），ADHD（注意欠陥多動性障害），高機能自閉症の子どもたちが通常学級の児童・生徒のおよそ6％を占めるという事実が指摘されている。この状況は，クラスで学ぶ子どもたちに斉一的な教育内容・教育方法で指導することの前提である集団の等質性が成り立たないことを示している。通常学級といえどもさまざまな特性を持つ子どもたちがいることを認め，むしろ一人一人の違いが意義を持ち，それらを生かすことができる教育的な環境を整えようとするインクルージョンの原理に立って学校教育を変革していくことが求められているのである。実現に向けては今後しばらくの間模索の状態が続くものと思われる。

（宮下孝広）

〈参考文献〉
(1) 森永良子・上村菊朗『LD―学習障害―治療教育的アプローチ―』（1992，医歯薬出版）
(2) ジョンソン・マイクルバスト，森永良子・上村菊朗訳『学習能力の障害―心理神経学的診断と治療教育―』（1975，日本文化科学社）
(3) 上野一彦・牟田悦子（編著）『学習障害児の教育―診断と指導のための実践事例集―』（1992，日本文化科学社）
(4) 上野一彦・二上哲志・北脇三知也・牟田悦子・緒方明子（編）『LDの教育と医学―学習課題と教育方法―（LD教育選書2）』（1996，学習研究社）

*9*章　授業と教師

1．教師の力量とは

　子どもは子ども自身の世界を生きている。その世界は，より広い公共的世界や世間的な世界から影響を受けて開かれている。その世界のなかで子どもたちは，事物や事象そして他者に出会い，それらに引きよせられたり反発を感じたりしながら行動する。また，そのなかに見えている一般的なひとの諸可能性を基盤とし，それらとの関係から自己の可能性を理解している。すなわち，「私はそれができる」などと思うこと，「今はできないが，やがてできるようになる」，あるいは「できるようにはならない」という可能性，等々である。さらに，その世界のなかで子どもたちは将来の自分について，期待したり，願望したり，あこがれたり，己を賭けたりする。

　ところで，人間が発展させてきた文化の真の姿，きびしかったりやさしかったりする自然の真の姿や，「できる」ことの対象としてのみではない世界を開く存在としての，人間の本来的な可能性は，世間で語られていることばや世間が持っている解釈性によって，日常的には覆い隠されている。世間の影響を受けているこのような世界のなかで，子どもたちが自然に起こる興味にしたがって行動したとき，その世間的世界の持つ知識や技術，そして物事に対する意味の与え方や解釈性を学ぶではあろう。しかし，それだけでは，世間的な世界を突き破り，真理に出会うより豊かな世界に開かれることは，まれであろう。きびしい環境に育ち上がり，己の世界を自分自身で開かざるを得なかった子どもたちには，可能であるかもしれないが，一般には難しいことである。

　とすれば，子どもたちが豊かな世界と己の本来的な可能性に開かれるために，

教師との関係性を基盤とする異なる行動の原理によって，学ぶ必要があろう。そしてそれは，関係性を基盤として，教師が文化遺産としての教材を子どもの世界に出会わせることによって可能になる。

(1) **教材研究における教師の力**

授業のなかでの教師の仕事は，教材を，人間が発展させてきた文化遺産として子どもに出会わせることだ。横須賀薫は，文化遺産が教材化されると「教材は教材としてのみ考えられていて文化とのつながりが見失われてしまいます」（『授業における教師の技量』，p. 19）と述べている。したがって，教材に文化遺産としてのいのちを与え，それを子どもの世界に出会わせる接点を探る仕事が必要となる。これが教材研究であるのだが，このような教材研究を行う力も教師が備えていなければならない重要な力である。

教材研究の力は，単なる学問的な知識ではない真実を見抜く力や，為すことと一体となった知識や教養，人間を理解する力，子どもの立場から見たり考えたりする力，人生経験の深さなどによって成立する。また，それらは高い美意識に支えられていなければならない。「芸術とか科学とかの世界で絶えず真理を追求し，より高いものを創り出している姿にふれたとき，またそこに創り出されたより正しいもの，より美しいものにふれたとき，教師は心を動かされ，より高いもの美しいものへの願望を持つ」（『斎藤喜博全集10』，p. 449）。教師がこのようなより高いもの美しいものへのあこがれを持っていなければ，子どもをより高い世界へ導くことは不可能である。そのような美意識から，子どもへの**願い**も生まれるのである。

そのような教師の力による教材研究によって，教材は人間が生きる具体的世界に基礎づけられ，文学作品はその作品の世界として，科学的知識や法則はまさにそれらが発生してきた世界とともにそれ自身を現すようになる。つまり，その世界とはそれらが発生してきた段階では自覚されていたが，それらが文字や記号にされたり言い伝えられたりするうちに覆い隠されるようになってしまったものである。そして，教材研究によって教材が具体的世界に基礎づけら

れたとき，授業で「質の高いものをわかりやすく教える力」も生じる。

　例えば，体育の器械運動の指導で，「ふみこし」「またぎこし」などから始めて系統的に指導していくことによって，6学年ではどの子も腕立て前方回転をしなやかにあざやかに行うことができるようになる。このための教材研究は，客観的な視点からわざの合理性について研究するだけでなく，行為者側からの主観的な視点を含めて，つまり器械運動を行う者の世界を考慮して研究する。この研究によってわざの構造と，いわば**こつ**のようなものが理解される（わざの発生段階では自覚されていたが，わざが習慣的になるにしたがって覆い隠されたもの）。さらに子どもの成長を考慮してわざを系統的に組織し，指導するのである。例えば，「腕立て閉脚跳び」は，おしりを台上で高く上げそのまま腕を突っ放して跳び，その後からだを起こしながら着地するのが合理的なのであるが，子どもの世界のなかでは，おしりを高くし頭を下にしてそのまま台を跳び越すことは，頭からマットに落ちていくようでたいへんな恐怖感を伴うものだ。だから，おしりを高くしても，すぐにからだを起こしてしまって台に足を引っ掛けたり，腕を突っ張ってしまって跳び越せず台に座ってしまったりする。したがって，その前段階として，床の上でうさぎ跳びをさせておしりを上げて跳び，からだを起こす運動をさせたり，台上から両手両足でマットに着地する運動を行わせて恐怖感を取り除いたりするのである。

　このように指導の力も，質の高い豊かな教材研究によって身についてくるのである。

(2)　**授業展開における教師の力**

　授業においても，知識や教養，美意識に基づく**教師の人間的な力，人間的な魅力**は重要である。教師のあり方（存在の様態）が，教師のからだや声の質に知らず知らずのうちに表出され，それが学級の空気とか雰囲気をつくり出してしまう。ある教師が教壇に立つだけで，学級がだれたものになったり，よい意味での緊張関係がつくられたり，悪い意味での緊張関係がつくられたりする。人間的な力のある教師は，学級に快い緊張と集中の雰囲気を引き起こし，子ど

もたちはそのなかで充実して学習する（斎藤喜博『教育学のすすめ』，p. 87〜89）。

そのように子どもたちが充実し満足し安心して学習するのは，教師がよい雰囲気をつくり出すからということだけでなく，教師の人間的な力が，子どもたちへの**とっさの対応力**となって表れるからでもある。ある授業での教師の願いを実現するためには，あらかじめの教材研究で計画した予定通りに授業を進めるだけではすまない場合も出てくる。子どもの予期せぬ反応や子どもの現実にとっさに反応して，理解させたり発見させたりすることが必要になる。そうしたときに，子どもは難しい問題につきあたっていてもそれを乗り越え，豊かに学ぶことができるのである。また，あることを教えるのに具体的例を使ったり，それに関係する話をしたり，子どもの生活に結びつけて話したりすることで，子どもたちの世界を豊かにしてやることもある。そういった教師のとっさの対応力が子どもに充実した学習をさせるのである。そのような対応力を高めるためにも**教師は自らの教養や美意識を育てなければならない**，ということになる。

授業で子どもに対応するためには，**子どもを見る力**が必要である。「すぐれた授業者は，みな，……，学級全体とか，一人一人の子どもの思考や感情を的確につかみとる力を持っているものである」（『斎藤喜博全集9』，p. 294）。子どもを見る力とは，子どものどんなささいな表情の変化やかすかなつぶやきからでも，その根底にあるものを読み取る力である。それができるためには，子どもに対して己自身・己の世界を開くことがまず大事である。己を閉ざしたまま，己の価値基準や，人間を見るための理論的枠組みのなかで見るならば，子どもたちは見えてこない。あたたかい眼と大きな心で素直に見ることが必要で，そのとき子どもは，その子ども固有で独自の世界をもつ者として本来的に出会われる。そういう態度で見ることがまず必要で，そうすれば子どもの表情の微妙な変化も，子どもの内面の表れとしてとらえることが可能になる。そうして子どもを見ていくうちに子どもを見る目も鋭く鍛えられてくるのである。

また，子どもが見えるようになるために，「もの」がよく見えるようになる，ということも大切である。これは子どもに関してだけでなく，一般に他者がよ

く理解できる，人間がよく理解できるということにもあてはまる。吉田章宏（『授業を研究するまえに』，p.121）は，「『ものを見る』は『ひとを見る』と根底においてはつながっている」と述べている。「もの」をよく見ることは，固定的な自己流の見方だけでなく，柔軟に幾通りもの見方で見る，さらにそれらの見方を打ち破って深い新鮮な見方で見ることであるからだ。それは他者の見方を取り入れることであり，他者の目で見ることである。したがって，ものがよく見えるようになれば，他者をよく理解できるようになり，他者がよく見えるようになるのである。教材研究などで子どもの視点をとり，さまざまに解釈してみることが子どもをよく見ることにつながるであろう。

　また授業のなかでは，一人一人の子どもが見えるだけでなく，学級の子どもたちを子ども集団として，その集団の持つ雰囲気，価値観などを一挙に見て取る力も必要である。教師は，学級の集団の一員としても存在している，一人一人の子どもに話しかけているからだ（中田基昭『授業の現象学』，第2章）。

　さて，子どもに教材としての文化遺産と出会わせるための直接的な力は，教師の表現力である。そのなかでもことばは教師の最大の武器である。これらについては節を改めて述べることにする。

2．教師の身体——表現としての身体

(1) 表出と身体

　ことばを話すときには，身体表現が伴うものである。意図的に身ぶりや手ぶりを交えて話すときはもちろんであるが，そうでない場合でも広い意味での身体表現を伴っている。後者は表出と呼ばれている。表出は人間の存在のあるあり方が知らず知らずのうちに身体に表れることを言う。と言うより，身体はその存在そのものなのであるが。例えば，次のようにである。

　　兵士が任務についているとき，なぜ均整のとれた姿勢で立つものとされるのか。
　　それは，彼の受ける命令にはたったひとつの中味しかなく，ふたつも三つもの中味

があったり，中途半端な中味がたくさんあったり，といったものではないからである。もし，その兵士が片足をくずしていたとすれば，命令は半分しか受けられない，ということになるだろう。しかし，彼の世界はそうはいかない。兵士として，彼は，「たぶんイエスです」，とか，「たぶんノーです」，とかいったあいまいな生き方でなく，この仕方であってそれ以外ではない，という〔きびしい〕世界に生きている。（ヴァン・デン・ベルク，J. H.『人間ひとりひとり』, p.76）

教師のあり方も身体に表出される。教師の人間的な力も身体に表出されているのである。同様に，ことばを話すときも身体へと同時に，やわらかさや鋭さなどとして声の質に教師のあり方が表出される。斎藤喜博は，次のように述べている。

　豊かな人間性を持ち，心の底にあるものまで鋭くみぬいていく力を持っている教師は，当然声の質も豊かなものになり内面的なものになっていく。教師のいおうとしていることが，一人ひとりの子どもの心にやわらかく豊かに明確にしみ込んでいくようなものになっていくはずである。（『斎藤喜博全集6』, p.95）

身体や声に表出された上記のような教師のあり方を雰囲気として感じ取り，子どもたちも同じ雰囲気を生きるようになる。そのようなときは必要以上に大きな声を出さなくても，教師のことばは子どもの中に入っていくのである。

また，教師の自信のなさが身体に表出される場合もある。自分を出すのが恐いというあり方が身体をかたくし，声も外へ届かないようにする。これは，自分が大勢の子どもの目に一方的にさらされ，対象として見られ，自分のすべてが見透かされていると感じるような背景で起こり，もはや身動きがとれない状態である。

このような状態は，「慣れることによってなくなる」ということもできる。しかし，慣れるということは子どもを無視することにもつながる。そうではなくて，このような状態を教師として力をつけるための契機と考え，教材研究によって授業展開の力を身につけることによって自信を持てるようにするとともに，子どもに対して己を開きそのことによって子どもの真実が見えるようにすれば，そのような状態は克服できるであろう。なぜなら，後者について言えば，

教師が自分を見透かされているように感じているとき，子どもたちは，教師が感じているようには教師のことを見てはいないことが多いからである。しかし，授業展開の技術はそう簡単に身につくものではない。だんだんと自分の実践を良いものにしていかなければならないのだが，それまでは「自分の力や能力に応じて，自分がわかる範囲で教えてゆき，その実践を深めていくなかで自分を拡大していくより仕方がない」(『斎藤喜博全集10』, p.50)。このような態度はたいへん重要である。難しいことではあるが，自分を誠実に見つめ，ありのままの自分をさらけ出そうとすることによって，他者の目も恐くなくなるであろう。

　また，教師が学級の子ども集団の前で話す場合は，1対多の関係で一方的に子どもたちに向かって話しかけることになり，どうしても両者の間に溝ができる。そのように相互に交流しないという関係であるから，教師は自分を対象として見られているように感ずるのである。1対1の対話的な関係では相互に交流し合っており他有化的な状況はあまり起こらない。1対多の関係でも子ども集団に対話的に話しかけることによって，一方的に見られているという感じは少なくなるであろう。

(2) 表現と身体

　身ぶりや手ぶりで表現する場合，それらは目的運動の中に分類される。意図的に伝達を目的として行うからである。ことばだけでは説明することのできないような事柄を教えようとする場合は，身ぶりや手ぶりを交えることによって，それまで子どものなかになかったことを学ばせることができる。

　体育や音楽の指導では，子どもの身体表現や身体運動が目指す方向や空間を，教師の身ぶりや手ぶりで視覚に訴えることにより直接子どもの身体に伝えることができる。また，合唱の指導などで教師が身体をリズミカルに動かしたり柔らかくしなやかに動かしたりすることによって，子どもの表現をリズミカルにしたり柔らかくしたりできる。息をお腹に入れさせるときには，「手をひろげて下からすくいあげ，自分もからだをふくらませる」(横須賀薫他編『教師の

話し方と表現力』, p. 25)。

以上のような表現する，教師の身体にも表出がともなっている。表出されたものや声の質が子どもに何ごとかを伝えたり，教師のリズミカルな運動が子どもに伝播したりするのは，音楽を聴いたときにからだが自然に動いてしまったという場合と同じ現象である。感覚することが持つパトス的契機による。音や色がわれわれの身体に直接影響を与え，ものの形が直接ある感じを呼び起こしたりするが，それは逆に感覚的なものを直接身体全体・存在全体を変化させて受け止めることでもある。感覚することのパトス的な契機とは，われわれと音や色のような感覚的なものの直接的なコミュニケーションを意味する。

3．教師のことば

(1) 教えることにおけることばの機能

記号としてのことば　「ことばは教師の最大の武器である」と言われる。ところが，アウグスティヌス（A. Augustinus, 354〜430）は，教えることにおけることばの機能を検討（『アウグスティヌス教師論』）する過程で，ことばによっては何ごとも教えることができないと結論づけている。いかなる意味で，そのように言うのであろう。アウグスティヌスは次のように述べる。

ことばは，なにものかを表示する記号の一種である。ことばは，世界のなかで出会う事物，精神的・心的な体験や状態，そしてことばそれ自身や他の記号をも表示するすぐれた記号である。一方，ことばによらなくても何かを示すことも可能ではある。確かに，身ぶりによって示したり（指で差し示す，パントマイムで表示するなど），実物や示範によって教えることも可能である。ここで前者の身ぶりは，それによって他のものを表示しているのだから記号であり，ことばと同類のものである。後者の場合は例えば，「歩く」とはどういうことであるかと質問されたとき，実際に 5 m だけ歩いて見せたとする。しかし，それを見て学ぶことができるのは，その人に洞察力がある場合だけである。ど

ようにして,「5m歩く」その特殊な歩くことを, あるいはその歩いた距離を「歩く」ことだと彼が考えないようにすることができるだろうか。とすると, 身ぶりをも含めて, 記号なしで教えることは不可能であるように思われる。

ところが, もし, ことばが何を表示するのかあらかじめ理解しているのでなければ, それは記号ではなく「いたずらに耳を打つ音響」にすぎない, ということがわかる。たとえことばで教えられたとしても, そのことばが何を表示するのかを知らなければそこでは何ごとをも学ばないのであり, また反対に, もしそのことばが何を表示するかを知っているのなら, その表示されるものをすでに知っているのだから何も学ばないことになる。このようにしてアウグスティヌスは,「記号によって学ばれるものは何一つないことがわかるだろう」(同上書, p.71)と言うのである。ことばによって, われわれは「むしろ, 探求するように促されることになるのだろう」(同上書, p.76)。

ことばの働き ことばによっていかに学ぶのかを考える前に, もう少し, ことばとはいかなるものなのかを見てみよう。

フッサール(E. Husserl, 1859〜1938)によれば, ことばは伝達において機能するだけでなく, 個人の孤独な生活においても, 意味を「表現」する有意味的記号として, また名づけることにおいて何ものかを知る認識機能を有するものとして特徴づけられる。ここでいう「表現」とは, あることばが実際音声を用いて語られているかどうか, ということは問題ではない。一人で内言を用いて(この場合は記号の表象でよい)思考しているような場合でも, ことばは意味を表現しているのである。すなわち, ことばは意味を帯びている。音声や文字とわかちがたく意味が結びついている, ということである。

ところで, ことばはどのように対象を表示するのであろうか。「表現は対象を, 表現の意味を媒介にして表示する(命名する)」(立松弘孝他訳『論理学研究2』, p.59)。意味と対象の関係は次のようなものである。例えば, 「日清戦争の戦勝国」「太平洋戦争の敗戦国」という表現は, 意味は異なるがそれらが表現する対象は同じである。このように意味は対象の与えられ方であるということができる。「金槌」という表現は, 金槌の形をした事物(対象)を「釘を

打つための道具として」(意味) 表示している。これを表現の意味機能という。

意味機能は 2 つの作用を含んでいる。第一は，意味賦与作用（意味志向ともいう）であり，これは意味を媒介として対象を目指す（ねらう）ということで，この場合対象の直観（実物あるいは表象）を必ずしも伴っていないこともある。また，そもそも対象が実在しない場合もある。それに対し，もう一つの作用である意味充実によって，表現に直観を与える場合がある。例えば，「丸い四角」のような表現は意味を持つが，想像不可能であり意味充実を伴わない。しかし，「猫は四つ足で歩く」という表現は，直観像を伴いつつ意味賦与作用を果たすことができる。後者の場合は，具体的直観を伴わずに意味賦与を行うことも可能であるが，直観を伴った場合は具体的な対象についての意味充実と一体化した表現となる。以上のような 2 つの作用が意味機能には含まれる。

次に，ことばを伝達機能の面から考えてみよう。話し手は，聞き手に何らかのことを伝える意図のもとに，意味賦与しながら音声を作り出す。その際，意味充実作用を伴う場合もある。また，伝達する意図に含まれるその他の心的状態をも伴う。このような話し手の言語表現の機能を告知機能と呼ぶ。しかし，伝達が可能となるのは，聞き手が，このようにして発せられた音声記号を，告知する話し手の思考として理解（統握）することによってである。しかも，話し手を単に音声記号を発する者としてではなく，音声に意味賦与作用を行い，自分（聞き手）に何かを伝えようとする人物として理解（統握）する限りにおいてである。ここには，聞き手も話し手もお互いを人間として了解し合っているということが含まれている。

会話を成立させているものは，

> 会話の物理的側面によって媒介されたことばのこのような相互関係（korrelation），すなわち互いに疎通し合う人物の共属的な物理的体験と心的体験相互の相関関係のうちにあるのである。(フッサール同上書, p. 43)

したがって，ことばは通じたり，通じなかったり，誤解されたりするのである。

ことばによる学習　「ことばによっては何ごとかを学ぶとすればいかようにしてであるか」ということを明らかにせねばならない。上述のアウグスティヌ

ス，フッサールの分析は，「語られたことば」，つまり，すでに習慣的に通用するようになったことば，構成された語彙ならびに統辞の体系を持つことばを対象としていたのである。ここで，ことばによる伝達のメカニズムを，発生段階でのことばの事実に即してもう一度に考えてみる必要がある。

メルロー＝ポンティ（M. Merleau-Ponty, 1908～1961）は『知覚の現象学Ⅰ』でことばの所作的意味について述べている。

例えば，われわれは怒りや脅しの身ぶりをみると，すぐさま直接的にその身ぶりの意味を理解する。われわれはそれを理解するとき，われわれ自身が同じ身ぶりを行ったときに感じていた感情のことを思い出し，その身ぶりの外からの見えと対応させて類推的に理解する必要はない。われわれは，怒りとか脅しを，それらの身ぶりを記号としてとらえ，それらが意味する何かとして，すなわち身ぶりの背後に隠れている一つの心的事実として知覚するのではない。身ぶりそのもののなかに意味を読み取るのである。ものを見るときでさえ，例えば黒い煙と白い蒸気をはきながら急な坂を登っていく蒸気機関車を見るとき，相貌的に見て「苦しそうに登っていく」と言う。われわれ人間とは何の類似性のないものにでさえ，所作的意味を読み取る。身ぶりを行う人間や機関車などを，それをとりまく状況と共に見て，そのなかに入りこみ，そのなかでの心的な状態を共感的に理解するのである。

身ぶりの意味は習慣によって与えられているのでもなく（赤信号が横断禁止を表示するよう決められているように），共感的に理解されるのであって，たとえそれが受動的であれ観察者の行為によって把握し直されるのである。それは，見る者と行う者との間の相互性による。私の見ている身ぶりは，それが目指しているある対象とそれをどのように目指しているのかの状況の輪郭を大雑把に描き出している。それは私の前に一つの問いとして現れる。行為者のその状況を私の世界のなかで引き受け，そのような状況のなかで私の存在を働かせ，行為者が対象に向かう態度と一致したとき，その対象は現実的となり完全に理解される（同上書，p.304）。所作が理解されるとき，それは他者とともに開いている共通の世界が基盤となっているのである。私の世界は，そのなかで出会

うものが，例えば金槌は私だけではなく他者にも使える道具として見えるように，共通のものとして見えるような共世界に開かれている。それはまた，きたないものには他者と同様に嫌悪感を，きれいなものには好感をいだくような共世界でもある。所作を理解するということは，見えている身ぶりを手がかりとして，共通の世界の基盤の上に行為者の個人的状況を描きそれを読み取るということなのである。一回一回が，創造であると言ってもよいだろう。

　ことばにおいてはどうであろうか。ことばも始源的には身ぶりの一種である。言語的身ぶりもおのれ自らその意味を描き出している。音楽が，音で一つの世界や意味を描き出すように。しかし，ことばの方は，身ぶりと同じような手がかりを得ることは困難なように思われる。所作の方は，人間と，人間の感覚的世界との間のある関係を示し，それを観察者は感覚的に知覚することができ，志向的対象が所作と同時に目撃者に提供される。しかしことばの場合は，それが目指すのは精神的風景であって，これははじめから各人に与えられているものではなく，まさにそれを伝達することこそことばの役目なのだからである。けれども，この場合は自然が与えなかったものを，代わって文化が提供しているのである。つまり過去の表現行為の集積が，語る者同士の間に一つの共通の世界を確立しており，われわれはそのなかで育ち上がる過程で日常的に使われていることばの意味をすでに学んでいる（所作的な伝達の助けを借りて）。それらのことばが漠然と精神的風景を描きだし，新しく使われることばがそれに依拠することは，あたかも身ぶりが感性的世界に依拠するのと同じことなのである。すでにあることばのまとまりにおいて精神的世界を描き出し，その背景のなかでことばに独特の意味を与え，焦点となっている事象を伝達するのである。われわれは，ことばのそのつど新しい意味を，身ぶりと同じようにしてとらえるのだ（同上書，p. 305〜310）。

　このようにして，ことばによって何ごとか新しいことを学ぶことができるのである。

　ことばが届くということ　ことばは聞き手に届いたり届かなかったりする。授業のなかでも，教師のことばが子どもに届くかどうかが問題になる。物理的

には子どもに語りかけられたことばも，子どもが自分に語りかけられたものとして受け取ることができなければ，そこから学ぶということは起こらない。日常的にも，話し手が聞き手に話しかけているつもりなのに，聞き手からは「ちっとも話しかけられている気がしない」と思われたりする場合がある。

　例えば，竹内敏晴は「話しかけのレッスン」（『話すということ』，p.12〜13）のなかで，5〜6人の人に勝手な方向を向いて座り目を閉じてもらう，そして，少し離れたところから一人の人がそのなかの誰かを選んで話しかけてみる，という簡単なレッスンを紹介している。そこで，驚くことに，話しかける者がこの人にと向かって目ぼしをつけて話しかけた相手が，自分に話しかけられたとして手を上げることが極めて少ないということだ。その相手はその声についてさまざまな感じを持つが，「少なくとも声が聞こえるということと，話しかけられている，その話しことばが声としてはっきりと自分のからだに届いているということはぜんぜん別のことだということだけは，はっきり聞き分けることができます」（同上書，p.13）と述べている。

　「ある教師はこのレッスンのあと，自分の声が教室の子供たちにほんとうに届いていないらしいことに気づいて，……『近ごろ，おまえ聞いてるのか！としかれなくなりましてん』」（竹内敏晴『からだが語ることば』，p.49）と述べている。また，ある教師は「子供の声が自分まで届いていないことに気づき始め……これで子供とふれあうなどと，よくまあ言えていたものだと，つくづく思った」（『話すということ』，p.13）という。ことばが届くということは，声が相手のからだにふれ，例えば「『胸にしみ』『腑に落ちる』ということで，つまりからだの中に入っていって，相手のからだと心を動かす，変える」（『からだが語ることば』，p.49）ことである。ただ音声の意味が理解されたというだけでは情報の伝達が行われたにすぎず，そこから学習は起こるまい（所作的意味，感情的価値は切り捨てられ，それではことばが届いたということではない）。このようなことは教室でも起こっていることである。

　人と人との関係性　ことばが届くか届かないかには，人間と人間との「関係性」が大きく影響する。ここでいう関係性とは，日常的に人間関係という場合

の基礎にあるものである。例えば，人はよく「人は一人では生きられない」「人間なんて結局一人ぼっちなんだ」とつぶやく。しかし，「一人ぼっちでさみしい」と思うことは，人間は根底において他者と共に存在し，共に己の世界を開いているからである。関係性とはこのレベルでの人と人との関係をいう。さて，この関係性とことばが届くことについての関係について，早坂泰次郎が人間関係（ＩＰＲ）トレーニングのグループ臨床における長年の体験から，「良心的エゴイズム」と概念化した具体的な人間像に即して述べることにする。

　良心的エゴイストと呼ばれる人は，日常の場では決して争ったりしないやさしい人で，いつも自己の向上を目指して反省し，他者からの批判も自分を見つめるための材料として受け入れる「立派」で「尊敬できる」人である。ところがＩＰＲトレーニング・グループのように他者との真剣なかかわりが求められる場では，他者に対しては自己の向上のために材料を与えてくれる人という以上の関心や期待を抱かず，批判するとか論争するなどの態度で他者に真剣にかかわる姿勢が完全に欠落していることが，徐々に露呈してくるような人である。

　そのような人は，グループが成熟して他のメンバー同士が視線を通わせることのできるようになった段階でも，目を伏したまま身をかたくしている。他のメンバーが「みんなを見てほしい」「みんなの目を見たら……」と言うので視線を向けるのであるが，相手からすれば，「視線が確かにこちらを向いてはいるがただ眺められているだけの眼はガラス玉のようで，見られているという感じがしない」（早坂泰次郎編著『〈関係性〉の人間学』，p.177）のである。このような人は視線を届かせることができないのであり（これは音声は届いているが「話しかけられている気がしない」のとある意味で同じことであり），それは「終始自分の世界（自己世界）にとじこもっており，他者とのかかわりに基本的に無関心なため」である。ことばも，「その人の自己世界を越え出て，自分とはまったく別の他者の世界へ向かって開かれること」（同上書，p.175）はない。このような人の他者に対する無関心さのために，周りの人は，「『あなたにはもう何を言っても通じない』あるいは『あなたにはもう何も言ってもらいたくない』という思いを胸の内にしまい込み，沈黙するしかなくなってしま

うのである」(同上書, p. 27)。このようにして, 相手側の拒否の態度が生じる。そうなれば, ますますことばは届かなくなる。

視線が届く　このような良心的エゴイストもトレーナーの促しによって「見る」ことに専念するようになると, 徐々に視線が届くようになる。相手から「今はじめて見てくれた!」ということばが発せられたときのことを, 本人は「それまで『見て何になる』『何を見ろというのだろう』という考えが自分の頭を占めていたのがなくなってゆき, 突如一人一人のメンバーの目が温かくこちらに注がれているのが見えてきました」と語る。ここからもわかる通り, 視線が届いたとき, 見る側からすると相手が見えるようになっているということだ。相手が見えるということと真に相手を目指す, すなわち視線やことばを届かせることは同時的なことであり, 相手が見えるということは相手に対して開かれ真の他者に出会うということである。

そのように視線が届くようになったとき, お互いは一体感を持つのだが, その一体感は独自性の相互受容を含んでいる。したがって, この場合の出会いは, 他者と, 彼独自の世界をもつ者として, 己の世界の独自性を自覚しつつも己の世界の変化として, 出会うことである。このような関係性のなかでかくして, 視線もことばは届くようになる。

以上のようなことは, 良心的エゴイストにかかわらず, 他者の世界に対して己を閉ざしているあり方, 例えば子どもに対して教師と児童・生徒という役割関係のなかで接し, 子どものあるべき姿の規範からとらえ, 子どもの自身の世界に開かれない場合にもあてはまる。子どもに1対1, 1対多として向かういずれの場合にもあてはまる。己を開くことによって, 真に他者を目指す, 子どもを目指すことができれば, ことばも届くようになるだろう。

(2) 授業展開とことば

授業の中で教師の使うことばは, 目的の観点から発問, 説明, 指示, 評言に分類することができるであろう(横須賀薫『教師の話し方と表現力』, p. 26～43)。これらのことばによって授業は展開し, 子どもたちに新たな思考が起

こったり，豊かな世界に開かれたりするのである。どのような発問を出すか，どのように説明するかについて何の準備もなしに授業に臨み，思いつきで話したりするのでは，授業は平板になり無方向になってしまい，そのような授業では子どもは豊かに学べない。それらのことばは授業展開の計画のなかに位置づいていなければならないし，子どもに何をどのように聞くかの技術も必要である。また，それらのことばは，子どもに届かなければならない。

　授業においてことばが届くということは，いかにして可能になるのか。教師の人間的な力が，子どもに快い緊張と集中と安心して学ぶ態度を作ることは先に述べた通りである。また，そのような教師の力や魅力は，子どもの心を開き教師のことばを聞く態度をも生み出すのである。また，どうしても子どもに届けたいもの，自分がほんとうに実感としてとらえたもの，自分でかみしめた自分のものがあるということも，ことばを届かせる要因である。そのとき教師はほんとうに子どもを目指すことができるのであり，ことばは，「実感をともなったものとなり，子どもの心を動かすものになっていく」(『斎藤喜博全集4』, p. 359)。先にも述べたように，とっさの対応力も大切である。これは，真に子どもに開かれていてこそ可能になる。授業展開の状況は刻々と変化しているし，子どもの思考や感情も変化している。そういった状況に対応できないということは，子どもが見えていないということであり，授業のなかで真に子どもに開かれてはいないということである。そして，そこで対応できないということは，子どもを無視することであり，そうなれば子どもは自分を閉ざすことになる。そうだとすれば，だんだんとことばも届かないようになる。

　発　問　ここでは，発問について少し詳しく述べておこう。発問は，展開的発問と問診的発問に分けることができる。前者は，それによって，あるいはそれによって引き出される反応によって一定の問題や困難が作り出され，それを子どもに乗り越えさせることによって授業を展開させようとするものである。発問のこのような意味は，展開のある授業を目指す授業観，つまり授業を単なる知識の伝達の場としてだけ考えるのではなく，そのなかで思考力が身につき子どもの世界が豊かになる場としても考える立場に固有のものである。

後者は，教師がこれから扱おうとする主題や内容について，子どもの予備知識を調べたり，注意や興味を喚起したりするというものであり，従来教授手段として普通に用いられてきたものである。

展開的発問について述べよう。例えば次のような教材文がある。

　ある朝のこと，うしかいのおじさんがやってきました。おとうさんと，ながいあいだ話していましたが，やがて，子うしをうることにきまったとのことでした。
（「子うしの話」2年国語，武田常夫　1977より）

この教材で，「〈ながいあいだ話していましたが〉，と文にありますね，話していた人は，だれとだれですか」（武田常夫『イメージを育てる文学の授業』，p.132，以下上記の教材文についての教師と子どもの問答は同書）という発問を例にとってみる。

子どもたちは，「おとうさんと，うしかいのおじさん」と答えた。そこで教師はそれを図示し，次に「さあ，ふたりで話していましたよ。しんぺいくんは，そのときどこにいたのでしょう」と問う。すると，子どもたちから多様な答えが返ってくる。「そばにいた」「はなれていた」「遠くにいた」「あそんでいてしらなかった」などである。

この発問は〈きまったとのことでした。〉の内容を子どもに考えさせることをねらいとしている。つまり，教師は「直接聞いたのではなく，だれかから後で聞かされた」ということを理解させることを意図しており，発問はそのことを理解させるための具体的手段である。ここで直接「〈とのことでした〉というのはどういうことか」と発問しても，子どもは答えようがない。そのことについて，子どもが知っているなら問う必要はないのだし，わからないならば答えようがない。発問によって，そのことばが使われる具体的状況を想像上で子どものなかにつくり，その状況に照らし合わせることによって，ことばの所作的意味を学ぶようにさせるのである。したがって，この例で，「しんぺいがどこにいるか」ということはさして重要なことではなく，「だれかから聞かされた」ということがわかればよいのである。

このように発問は，一つの状況，世界，そのなかにおける対象への意味の与

え方を浮かび上がらせる。発問に対する答えは、いくつかの意見に分かれることが多い。それぞれの意見はそれぞれの背景を持っている。単なる思いつきの場合もあるが、その場合は常識を背景としているのである。それらは、浅いもの、深いもの、狭いもの、広いもの、さまざまである。それらの背景から出てくる意見を交流させていくうちに、子どもたちは教材の持つ世界に開かれるのである。そして、そのなかで子どもたちは学ぶのである。

発問の技法 宮坂義彦は、展開的（狭義の）発問を、課題発問と否定発問に分けている（「発問の概念と発問分析の概念」、斎藤喜博他編『教授学研究』1970、所収）。前者は、授業の方向性を定める「最初」の発問である。授業の質はこの最初の発問によって決定的に決まってしまう。この発問の役割は、①教材に対する考えを多様に引き出す（問題性）、②その時間に追求する核とか中心へ迫っていく布石として、もしくは暗示として鋭く明確に方向づけをする（方向性）、ことである。

そのために、課題発問は、具体的に明確に出されなければならない。「なぜ」「どうして」といった漠然とした発問は、子どもが鍛えられている場合には反応を示すこともあるが、子どもがどのように答えてよいかわからない答えようのない発問であり、避けられるべきである。先に挙げた、「しんぺいくんは、そのときどこにいたのでしょう」のように、「いつ」「だれ」「どこ」「どれ」のような発問を出すのが望ましい。それによって多様な考えを引き出すのだが、子どもが反応を示さない場合は、別に用意した発問を出すか、教師からいくつかの選択肢を出す。

後者の否定発問は、課題発問によって引き出された多様な反応から目的地に至るまでの間で、新しい次元の対立、問題、困難を作り出すものである。授業のなかで、例えば文学教材の解釈で、問題になっている部分の解釈がある一つの常識的な解釈に落ち着きかけたときに発して、ゆさぶりをかけ、授業を新たな局面へと展開させるのである。

例えば、「森の出口」（3年国語）の教材の、「あきおさんと　みよこさんは　やっと　森の　出口に　きました」という文章の「出口」ということばの解釈

で，子どもたちが「森のおわった最後のところ，すなわち，森と，そうでないところの境が，『出口』だ」としていたところに，「そんなところは出口ではない」と否定して，子どもたちをゆさぶるような発問をする（斎藤喜博『教育学のすすめ』，p.157～159）。

否定発問における否定は，単なる否定ではなく，授業の新たな展開を目指すためのものであり，だから形の上では否定のことばだがそれは発問なのである。したがって，その発問の後，教師から対立する解釈を出す場合が多い。また，はじめから対立する解釈を出す場合もある。

以上2つのタイプの発問は，作ることがそう簡単ではない。教材研究で多様な解釈を行ってみることが大切である。否定発問の場合は，とっさに対応する力が必要となる。 　　　　　　　　　　　　　　　　　　　　（大沼　徹）

〈参考文献〉
(1)　ヴァン・デン・ベルク，J.H.，早坂泰次郎他訳『人間ひとりひとり』(1976，現代社)
(2)　斎藤喜博『教育学のすすめ』(1969，筑摩書房)
(3)　竹内敏晴『からだが語ることば』(1982，評論社)
(4)　武田常夫『イメージを育てる文学の授業』(1973，国土社)
(5)　中田基明昭『授業の現象学』(1993，東京大学出版会)
(6)　早坂泰次郎編著『〈関係性〉の人間学』(1994，川島書店)
(7)　松本陽一他編『斎藤喜博の世界』(1983，一莖書房)
(8)　横須賀薫『授業における教師の技量』(1978，国土社)
(9)　横須賀薫他編著『教師の話し方と表現力』(1984，国土社)
(10)　吉田章宏『学ぶと教える』(1987，海鳴社)
(11)　吉田章宏編『授業』(1983，朝倉書店)

10章　教育評価の役割と方法

1．教育評価とは何をすることか

(1) 教育評価という仕事

　現代の日本では，教育評価ということばから多くの人が受け取るイメージは，テスト，偏差値，受験とか，その背後にある競争，序列化，選別などの厳しい教育状況と結びついたものが多いと思われる。「自分が受けた評価の規準がわからなかった」とか，「先生が代わった途端に成績が下がってショックを受けた」などの，評価に関する否定的な経験をもっている人も少なくないであろう。
　現在の教育をめぐる諸問題のなかで，教育評価に関する事柄は最も深刻なものの一つであり，多くの人に教育不信を抱かせる原因にもなっている。そのために，「教育評価などなくなればよい」とか，「教育評価は信じられない」などの意見もよく耳にする。これから何らかの形で教育との関わりをもとうとしている私たちは，教育評価に関わる課題をどう理解し，上のような意見に対してどのように答えたらよいであろうか。
　一人の母親が子どもたちのために食事の用意をする場面を想像しながら，教育評価の意味について考えてみよう。
　母親のAさんは，子どもが健康に育つことを願ってバランスのとれた食事を用意することに努めている。
　今日もAさんはいろいろと考える。……材料は何と何を使えばよいだろう。味付けはどうしよう。子どもの食欲がないときにはどうすれば必要な栄養を取らせることができるだろうか。せっかくの食卓を楽しいものにするために食器

やテーブルはどう整えればよいだろう。……これらのことを考えた結果，メニューが決まって材料の買い出しに出かける。思い通りの材料が手に入ることもある。逆に気に入ったものがなかったり，あらかじめ考えていたものよりもずっとよい品物が見つかって計画を変更することもある。そして，調理の段階になれば，材料を手頃な大きさに刻んだり，火加減，味加減などを絶えず見守りながら料理の手を加える。こうしてできあがった料理をきれいに盛り付け，頃合いを見計らってテーブルに並べる。そして食事が始まると，子どものことばや表情や食べ具合いなどを見ながら，Aさんは用意した食事のでき具合いや材料の適否を判断するのである。

　教育評価が不要であるという議論は，例えば，食事を作るだけ作っておいて，それを子どもたちがどのように食べたかを知る必要もないし知ろうともしないという立場と同じことになる。料理をするにあたって子どもの好みや体の状態を全く考慮しないという姿勢とも重なる。心をこめて，料理をする人がそのようなことをするとは到底考えられない。その食事が子どもからどのように迎えられたか，よかった点は何か，改善をするとすればどんな点かを確かめようとするのは，調理人として当然のことである。それをしないとすれば，調理人としての責任を放棄したことにもなるであろう。

　以上のような料理の過程で行われる事前の材料の吟味や，調理中の点検，食事中の子どもの観察や全体としての料理の評価などは，教育の場面に置きかえればすべて教育評価の仕事に含まれるのである。私たちは，教育評価といえば，学期末や学年末などに行われる試験や，その結果の通知のことなど，一定の学習活動の後で行われる最終判定という意味でのみ理解しているきらいがあるが，それらは，教育評価に含まれるほんの一部分のことにしか過ぎない。

(2) 教育のプロセスと教育評価

　B. S. ブルームらは，上に述べたような教育の全過程に関わる教育評価の側面を次のように分類している。

　(a) 診断的評価　ある学習活動を展開するにあたって，学習者がその領域に

対してどのような学習経験や知識，技能をもっているか。興味や関心はどの程度かなどを予測し，それに基づいて，どのように指導し学習を進めさせてゆけばよいかについて計画を練る段階である。また学習の展開の過程でつまずいたり失敗する子どもが出てきた場合に，その原因を調べ，必要な手立てを予想することも診断的評価である。

(b) 形成的評価　学習の進展にともなって，学習の進み具合，理解の程度，用意した教材の適切性，子どもの学習活動への参加の度合いなどをチェックし，予め立てた計画と照らし合わせてそれを修正したり，教師の発問や説明を工夫し直したり，必要な活動内容や教材を新たに用意したりするなどの検討をすることである。

(c) 概括的評価　一定の学習期間が終了したり，ひとまとまりの教材の学習が一段落したときなどに行う評価である。当初に想定した目標が達成されたか，学習者の理解の程度や，知識・技能の獲得状況はどうか，用意した教材の内容や程度は適切であったかなど，学習の経過や成果を全体として判定する。そして，次の学習段階に向けての指導の資料を得るのである。

(3) 教育評価の役割

このように考えてみると，教育評価とは，教育の指導と密接に関わった仕事であることが理解できる。指導を進めるに先立って評価がなされ，指導を行うことと並行して評価が行われる。指導と評価はほぼ同じ働きであるとさえ言うことができる。したがって，指導が行われるところには必ず評価があり，指導の改善のためには評価は不可欠なのである。先にも述べたように，概括的評価の段階にあたる部分だけが教育評価として考えられてきた向きもあるが，それは評価の働きの一部分である。

教育の評価は，教師が児童や生徒の学習結果の判定をするためだけに行うものではない。子ども自身が自分の学習のしかたや結果について振り返り，次の学習に向けての課題を明らかにするという側面も含まれている。これらの教育評価の役割について，次のように整理しておこう。

①児童・生徒が，教師からの評価や自己評価によって自分の生活や学習の様子を振り返り，成長や進歩を確認するとともに，残されたり新たに生まれた課題を明らかにすること。

②教師からの励ましや課題の指摘，自己評価によって得られた達成感や次のステップに向けての目標の自覚などによって学習者が次の学習に向けての動機づけを得ること。このような動機づけは，教育評価がもつ機能として特に重要である。

③教師が児童・生徒の発達や学習のプロセスに応じた評価を行うことによって，個々の子どもや学級集団が達成したり乗り越えたりすべき課題を明確にし，その課題達成に向けて適切な指導を行うための資料を得ること。

④教育活動を行った結果をもとにして，教師や教育に責任を持つ人たちが，カリキュラムの適否，教師の教え方の適切性，その他さまざまな教育環境や教育条件のあり方に関する反省材料を得て，諸条件の改善を図ること。

③や④で述べられているように，評価の対象となるのは，児童・生徒の学習活動だけではなく，それ以上に，教師の教え方，カリキュラム，学校の学習環境，教育行政のあり方なども含まれるのである。これらの諸側面における問題点の発見とその改善に向けての資料を提供するということも，教育評価が担う重要な役割である。

2．教育評価をめぐる基本的な観点

(1) 教育測定と教育評価

学習の経過や結果を評価するにあたって，評価者の主観的な偏りを避け，より分析的で正確な検討や比較を行うためには，何らかの物差しが必要となる。その物差しに当たるものが知能テスト，適性テスト，性格テスト，学力テスト，教師の手作りのテスト，評定尺度などである。一人一人の子どもの学習の時間経過に伴う変化や領域別の優劣，個人対個人や集団対集団の成績の比較などを

容易にかつ確実なものにするためには，これらのテストや尺度がいわゆる客観テストの形態をとり標準化されていることが望ましい。これらの標準テストの結果は指数や偏差値などの数値で示されることが一般的である。

　教育の評価の過程において，このような「物差し」を用いて学力や能力，その他の特性を計る働きを教育測定という。1910年代から30年代にかけてアメリカを中心に展開された「教育測定運動」は，教育測定を厳密に行うことによって評価の公平性や客観性を高めようとしたのである。測定は，教育評価を十分な客観的裏付けに基づいて行うための基礎作業として重要な働きを持っている。しかし，それだけでは教育評価として十分であるとはいえない。例えば，あるテストで得られた70点という成績は，前回のテストで60点であったAさんと，80点であったB君とでは意味が同じではない。こつこつと努力してやっと70点にこぎつけたC君と，楽々と70点をとったDさんとではその価値づけは異なってくるであろう。

　教育とは，このように評価をする人や受ける人の意味づけとか価値づけ，解釈などを含んだ働きである。

(2) 教育の目的と教育評価

　上に指摘した教育測定と教育評価の違いは，評価の働きにおいて教育目的との関係をどれだけ意識するかの違いであるともいえる。教育評価は，設定された目標や目的と照らし合わせて測定で得られた結果を意味づけたり解釈したりする働きなのである。

　「教育測定運動」の後で展開された8年研究などでは，そのことが強く意識されていた。8年研究とは，教育において子ども自身の経験や活動が重要であると説くアメリカ進歩主義協会が，その説を検証するために，学校の教育活動や生徒の学習活動などに関して8年にわたって行った追跡研究である。

　8年研究の推進役の一つであった教育評価委員会は，教育の目的とそれと関わる教育評価のあり方についておおよそ次のような基本的な考え方（根本仮説）をもっていた。

①教育は，単に知識や技能などを増やすだけでなく，人間の考え方，感じ方，態度や生き方などの行動の様式の変革を企てることを目標とすべきである。評価は，これらの行動の変化が実際にどのように起きつつあるかを明らかにする過程である。

　②人間は一つの統一体として行動する存在である。そこで，自己のいろいろな行動を相互に関連させる能力の向上は，その人間にとって最も重要な発達の条件である。したがって，そのような能力は評価の対象として最も重視されなければならない。

　③人間の行動は複雑で多様であるから，これを評価するには，単一の概念や次元によるものではなく，多方面的な記述や測定が必要である。評価目標に応じて妥当なものであれば，観察・面接・テスト・作品分析など，多様な方法が用いられる必要がある。

　④学校の計画や実践を評価する責任は，その学校の職員，生徒，父母に属している。

　この根本仮説では，教育の目標が，人間を単に博学にすることにではなく，知識や理解の向上とともに，情意的，道徳的，社会的，芸術的な面も含んだ「行動の変化」に置かれたのである。ここでいう「行動」とは，態度，興味，理想，考え方，習慣，社会的行動など，人間の心的活動も含む幅広いものである。

　また，上記の項目④で示されているように，学校教育の実践に関する評価を行うのは，その学校の構成員自身であるとされていることも注目すべき点である。

　このような教育観や教育評価に対する考え方は，第二次世界大戦後の日本の教育にも大きな影響を与えたのである。

(3)　絶対評価と相対評価

　評価を行うには，何らかの物差しが必要であることはすでに述べた。物差しには基準となる基点が不可欠である。その基点を設けるに際して，知識，学力，

技能などの一定の客観的な水準を目安とする方法が絶対評価（目標基準準拠的評価）である。

一方，相対評価は，ある個人の能力，技能，特性などの水準を，その属する集団内でどの程度の位置にあるかによって示そうとするものである（集団基準準拠的評価）。多くの場合には集団の平均的水準を示す数値が目安となる。さまざまな試験やテストの結果を示す方法として偏差値が広く用いられているが，これも相対評価の原理に基づいている。相対評価には，個々の個人内の諸特性を比べてその中での顕著さ，優秀さ，進歩の度合いなどの相対的比較をするという個人内相対評価の方法もある。

相対評価は評価者の主観を排し，客観的な評価がしやすいという長所がある。しかし，同時にこの方法には次のような欠点がある。

①評価の基準が集団内の相対的位置によるために，例えば学年や学級などでどのくらいの位置にいるかはわかるが，獲得した学力や技能の水準そのものは明確にならない。

②所属する集団の差（学校差，学級差など）により，同じ評点でも実際の学力や技能の水準は必ずしも同じではない。

③本人が努力をし進歩をしても，所属集団の他のメンバーの努力や向上が同じようであればその進歩が成績に反映されない。

④評価には動機づけの機能が大切であるが，相対評価の場合は，動機づけの方法が，原理的には，他のメンバーに勝つとか負けないなどの競争によることになる。

⑤各評定段階への人数の割り振りが厳密に固定されている場合には，無理にでも1や2などの評定をつけなければならない。学級全体のレベルが高かったり，クラスの全員が著しく向上したというような場合は，特に不合理な評価を行わなければならなくなる（この点に関しては文部省はかなり早くから，機械的な割り振りはしなくてもよいという見解を表明してきたが，問題の解決には至っていなかった）。

(4) 到達度評価

　相対評価の欠点を改め，評価と指導の一体化を図るための方法として進められてきたものの一つが到達度評価である。到達度評価は，学期や学年などのあらかじめ設定された期間に，各教科や教材ごとに子どもが到達するべき水準を定め，その水準に対する達成の度合いによって評価をする方法である。

　この方法は，所属集団内の相対的な位置によって評価をするという相対評価の立場とは違い，あらかじめ設定した理解，知識，技能などの水準によって評価をするものであるから，絶対評価の立場に立つものである。しかし，絶対評価という名称が，(ア)設定された目標の内容や水準を絶対不変のものとするような感じを与えること，(イ)かつての絶対評価が教師の主観に頼る不安定なものであったこと，などの理由から，到達度評価という名称が広く用いられるようになった。

　この方法の特色は，

　①目標の設定にあたっては，子どもたちが獲得するべき学力や技術，その他の能力は何かという観点から，目標分析表や目標構造図などを念頭において，個々の教材や授業が目指す目標がそれらの中でどこに位置づくかを明確にする。

　②目標の設定は，教科内容の発展性や連続性，子どもの発達や興味の状況，教育の実際にあたっている（個人ではなく複数の）教師の経験や判断などを視野に入れて可能な限り科学的な立場から行う。

　③しかし，そのようにして設定された目標であっても，それを絶対的・固定的なものとするのではなく，実践を通して改定を重ねるべき仮説として位置づける。

　④評価と指導を相互に関連づけるために，設定した内容や水準に関しては，だれでもが達成できるように指導を進める（完全習得学習，マスターラーニング）。

　などの諸点である。

(5) 到達目標と向上目標

　跳び箱を何段とべるようになるとか，算数の九九を覚えるなどの目標は，そのゴールが比較的明確であり，到達目標という形で示すことがそれほど困難ではない。それに対して「意欲をもって学習に臨む」とか「社会的事象に関心を広げる」などの目標は，ゴールが定めにくい。これらの目標は向上することが望まれるものではあるが，どこまで達成されればよいという性質のものではない。そこで，このような性質をもった目標を向上目標と呼んでいる。一般に，到達目標は知識，技能などの領域に関する目標である場合が多いが，向上目標は態度とか情意，意欲，論理的思考力とか創造性の向上などに関する目標であることが多い。

　上に述べたように，現在は，到達度評価を重視しようという機運が強くなっている。向上目標は到達度という形では示しにくいが，可能な限りそれを具体的な行動の形で示し，到達度評価の方法にのせようとする工夫がされている。そのような工夫は大切であるが，同時に，到達度という形では示しにくい重要な内容が，目標として見落とされたり，評価の対象として無視されたりすることのないように配慮がなされなければならない。

(6) 自己評価

　自分自身の学力や技能の進歩の状況，欠点やつまずきの原因などを自分で判断し，次の学習に向けて自らの方向づけができるようになること，つまり適切な自己評価が可能になることは，子どもが自律性を獲得し自らの学習能力を向上させる上で極めて重要な要件である。自己評価のなかには，学習の過程において自己と他者との関係を適切に把握し，必要な改善や修正を加えていくということも含まれる。例えば，運動や演劇的な表現活動を行っている際に他のメンバーとの距離や間のとり方や，他の動きを見ながら調和と変化を生み出すためにはどのように動けばよいかなどを即座に判断し行動化する能力なども含まれる。教師や親など他者から受ける評価が多い幼児期，児童期前期を経て，児

童期後期，青年期へと向かうにしたがって自己評価の能力も高まり自己評価の必要性も多くなる。

ただしその場合でも，他者からの評価を積極的に求め，それを柔軟に受け止めて自己を振り返る材料とすることは自己の成長にとって大切な要件である。教師にとっても，自分自身で自らの指導のあり方を振り返る自己評価は評価活動の中心として肝要であるが，それと同時に同僚，先輩からの評価や児童や生徒からの評価を十分に取り入れる必要がある。このように自己評価と他者評価は相互が補完し合って評価の機能を果たすものであるといえる。

3．現在の日本の学校における教育評価

(1)「児童（生徒）指導要録」の制定とその性格

日本の学校では，1900（明治33）年以来，学籍簿の記入と保存が義務づけられていた。学籍簿はその名の通りその学校に在籍した児童・生徒一人一人の学籍（いわば戸籍にあたる）を証明するための書類であった。これには身体，学業，操行などの記録も残されたので生徒の評価の原簿としての性格ももっていた。この学籍簿は，第二次世界大戦後間もなく，先に述べた8年研究の評価観などの影響を受けて内容が大幅に改訂され，さらに1949年には「指導要録」（小学校の場合には「児童指導要録」，中学校・高等学校の場合には「生徒指導要録」）と名称が変更となり，文字通り指導に役立てるための評価の原簿として位置づけられた。指導要録は学校に備え付けて置くべきことが法的に定められている公式な書類である（それに対して，一般にはなじみの深い「通信簿（通知表）」は，法的には何も定めがなく，したがって，それを作るか否かも含めて，名称，内容なども各学校の判断に委ねられている）。

このときの学籍簿改訂以来，児童・生徒の行動の記録，学業の記録はともに正規分布を想定した5段階相対評価の方法が用いられてきた。相対評価の方法は先に示したような欠点もあるが，当時にあっては積極的な意味をもっていた

といえる。それは，戦前の超国家主義的，軍国主義的な価値観から教育を解放すること，ともすれば教師の主観的な観点に支配されやすい絶対評価の方法に改善を加えることなどであった。

(2) 指導要録の改訂

指導要録は学習指導要領が改訂されるたびに内容に変更が加えられてきた。指導要録は元来は都道府県の各教育委員会が地域の実態に合わせてそれぞれの内容や形式をつくることになっているが，実際は文部科学省が示す様式がほぼ全国一律に用いられてきている。1991年に改訂された指導要録は，特に大きな変更が加えられたものとして注目を集めた。それは，戦後一貫して評価方法の基本とされてきた5段階相対評価法が軌道修正されたことによる。そして，その考えは2001年に改訂された現行の指導要録にも引き継がれている。151～152ページの図に示したのは現行の小学校用の児童指導要録の様式である。

現行の指導要録は，以下のような特色を持っている。

①「各教科の学習の記録」は，従来から「評定」「観点別学習状況」「所見」の3つの欄からなっている。これまでは事実上「評定」が主役で，他は従という位置づけであった。新しい様式では「観点別学習状況」を冒頭に移し，学習の評価の「基本」として最重視する。その際に，各教科，学年ごとに評価の観点（目標）を細かく設定し，具体的な学習目標に照らして本人の学習到達度が明示されるようにする。到達度はA（十分満足できると判断されるもの），B（おおむね満足できると判断されるもの），C（努力を要すると判断されるもの）の3段階で記入する。この3段階の振り分けは相対評価によるのではなく，到達度を基準としている。

②「評定」欄は，従来，相対評価により，小学校1・2年では3段階，小学校3年以上および中学校では5段階で記録されてきたが，1991年の改訂で次のように改められ，さらに2001年の改訂において「評定」についても相対評価を全廃し，到達度による評価を基準とすることとされた。

・小学校1・2年では「評定」は全廃する。

様式2（指導に関する記録）

児童氏名		学校名		区分＼学年	1	2	3	4	5	6
				学級						
				整理番号						

各教科の学習の記録

Ⅰ 観点別学習状況

教科	観点 ＼ 学年	1	2	3	4	5	6
国語	国語への関心・意欲・態度						
	話す・聞く能力						
	書く能力						
	読む能力						
	言語についての知識・理解・技能						
社会	社会的事象への関心・意欲・態度						
	社会的な思考・判断						
	観察・資料活用の技能・表現						
	社会的事象についての知識・理解						
算数	算数への関心・意欲・態度						
	数学的な考え方						
	数量や図形についての表現・処理						
	数量や図形についての知識・理解						
理科	自然事象への関心・意欲・態度						
	科学的な思考						
	観察・実験の技能・表現						
	自然事象についての知識・理解						
生活	生活への関心・意欲・態度						
	活動や体験についての思考・表現						
	身近な環境や自分についての気付き						
音楽	音楽への関心・意欲・態度						
	音楽的な感受や表現の工夫						
	表現の技能						
	鑑賞の能力						
図画工作	造形への関心・意欲・態度						
	発想や構想の能力						
	創造的な技能						
	鑑賞の能力						
家庭	家庭生活への関心・意欲・態度						
	生活を創意工夫する能力						
	生活の技能						
	家庭生活についての知識・理解						
体育	運動や健康・安全への関心・意欲・態度						
	運動や健康・安全についての思考・判断						
	運動の技能						
	健康・安全についての知識・理解						

Ⅱ 評定

学年＼教科	国語	社会	算数	理科	音楽	図画工作	家庭	体育
3								
4								
5								
6								

総合的な学習の時間の記録

学年	学習活動	観点	評価
3			
4			
5			
6			

特別活動の記録

内容 ＼ 学年	1	2	3	4	5	6
学級活動						
児童会活動						
クラブ活動						
学校行事						

行動の記録

項目 ＼ 学年	1	2	3	4	5	6
基本的な生活習慣						
健康・体力の向上						
自主・自律						
責任感						
創意工夫						
思いやり・協力						
生命尊重・自然愛護						
勤労・奉仕						
公正・公平						
公共心・公徳心						

出欠の記録の記録

区分＼学年	授業日数	出席停止・忌引等の日数	出席しなければならない日数	欠席日数	出席日数	備考
1						
2						
3						
4						
5						
6						

児童氏名

総合所見及び指導上参考となる諸事項	
第1学年	第4学年
第2学年	第5学年
第3学年	第6学年

(注)「総合所見及び指導上参考となる諸事項」の欄には，以下のような事項などを記録する。
　①各教科や総合的な学習の時間の学習に関する所見
　②特別活動に関する事実及び所見
　③行動に関する所見
　④児童の特徴・特技，学校内外における奉仕活動，表彰を受けた行為や活動，知能，学力等について標準化された検査の結果など指導上参考となる諸事項
　⑤児童の成長の状況にかかわる総合的な所見

- 小学校3年以上では，到達度評価に基づく3，2，1の3段階評価とする。
- 中学校では，必修教科については従来通り5段階相対評価を行うが，選択教科については，3段階絶対評価を行う。

③「所見」欄は，個人内評価を行い，児童・生徒の可能性を伸ばすという観点から，積極的な活用を図ることとする。個人としての優れた点，学習に対する意欲や関心，学習の進歩など，子どもの長所を取り上げることを基本とする。なお，2001年の改訂で「指導に関する記録」の「所見」欄が削除され，「総合所見及び指導上参考となる諸事項」に，他の所見と一緒に記入することとなった。

④従来の「行動及び性格の記録」は，「行動の記録」と改められ，ここでも子どもの長所を取り上げることを基本とする。

4．教育評価の課題

(1) 予期しない学習の結果

学習活動を展開するにあたって，あらかじめ目標を設定し，その実現のために周到な教材研究を進め，教材・資料の準備や発問の検討などを済ませておくことの必要性は，これまでにも繰り返して強調してきた通りである。しかし，それにもかかわらず，子どもの活動や発想の広がりや深さは教師の準備や予想をはるかに超えることが多い。むしろ，授業とは，そのような教師の準備や予想を子どもたちに超えさせるために行うものであるというべきであろう。子ども自身の活動や表現を重視したり，学習をより総合的なものとして計画する場合には，このような傾向はドリル的な学習に対してはるかに大きくなる。

であるとすれば，評価の視点も当然ながらあらかじめ設定したものよりも多様なものである必要がある。到達度評価の場合でも，評価の観点が到達度としてあらかじめ設定したものでは間に合わないということはいくらでもあるであろう。そのときに，設定した目標以外の活動や学習の結果を評価の対象から外

すということはあってはならない。学習活動の形態や内容によっては，評価は，「無意図的目標評価」であったり「ゴールフリー評価」でなされるべきであるという主張もなされているが，考慮すべき提言であろう。

また，評価の中には，正しく立派な学習成果を認め励ますという観点とともに，つまずきや失敗を相互に学び合うための素材として生かすという視点も重要である。理解の道筋を確かめ認識を深めるためには，間違えから学ぶということはきわめて大切なことである。斎藤喜博が島小学校において「○○ちゃん式まちがえ」という呼び方をして学級の子どもの間違えを共有し，そこから共に学び合うということを尊重したが，これは学ぶことの意味を考えたときに，非常に貴重な実践であったといえる。このようなことが可能となるためには，学校で学びながら間違えることはまったく恥ずかしいことではないという考えが子どもたちの中に浸透していなければならない。

(2) 教育的働きかけと評価

子どもたちに身に付けて欲しい学力とは何か。このテーマをめぐっては多くの見解やおびただしい議論が存在する。しかしここでは，子どもが自分自身で考えることのできる力，知識を持ちそれを適切に使いこなす力，自分のからだを常に調整し必要に応じて柔軟に使える力，そのからだを使って自分の感情やイメージ，芸術的内容などを表現する力，友だちと力を合わせて一つのものを作り上げていく力，課題に対して積極的，意欲的，創造的に取り組める力などを総合したものとして学力をとらえておきたい。

教育，特に授業の働きは，それらの力を子どもたちから引き出し伸ばす仕事である。国語や算数のような教科でも，音楽や体育のような身体的・表現的な教科でも，あるいは運動会，学芸会のような行事においても，質の高い課題に取り組み，自分の力をぎりぎりまで出して挑戦した経験を持つことによって，子どもたちは次の課題に向けてますます意欲的になり，全力を出して課題に取り組もうとする態度も身に付くのである。表面だけを飾り，形だけが整った学習を続けても，子どもは意欲的にも積極的にもなることはできない。子どもが

本当に求めている学習の内容はどのようなものか，子どもが全力を出して挑戦すべき課題は何かなどを真剣に探り，その上でそれらの課題を与えたときに，子どもたちは真剣に課題に取り組み力を発揮するのである。そのような学習活動に向けて，教育評価の仕事は取り組まれなければならない。子どもたちの真剣で内容の濃い学習活動は，教師の働きかけに対する応答であり，教育評価はその両者を結びつけるメッセージの役割を果たすのである。　　　（松平信久）

〈参考文献〉
(1) 東　洋『子どもの能力と教育評価』(1979，東京大学出版会)
(2) 中内敏夫『学力とは何か』(1983，岩波新書)
(3) B. S. ブルーム他，渋谷憲一他訳『教育評価ハンドブック』(1973，第一法規)
(4) 斎藤喜博『授業入門』(1960，国土社)
(5) 北尾倫彦・速水敏彦『わかる授業の心理学』(1986，有斐閣)
(6) 日本教育方法学会編『新しい学力観と教育実践』(1994，明治図書)